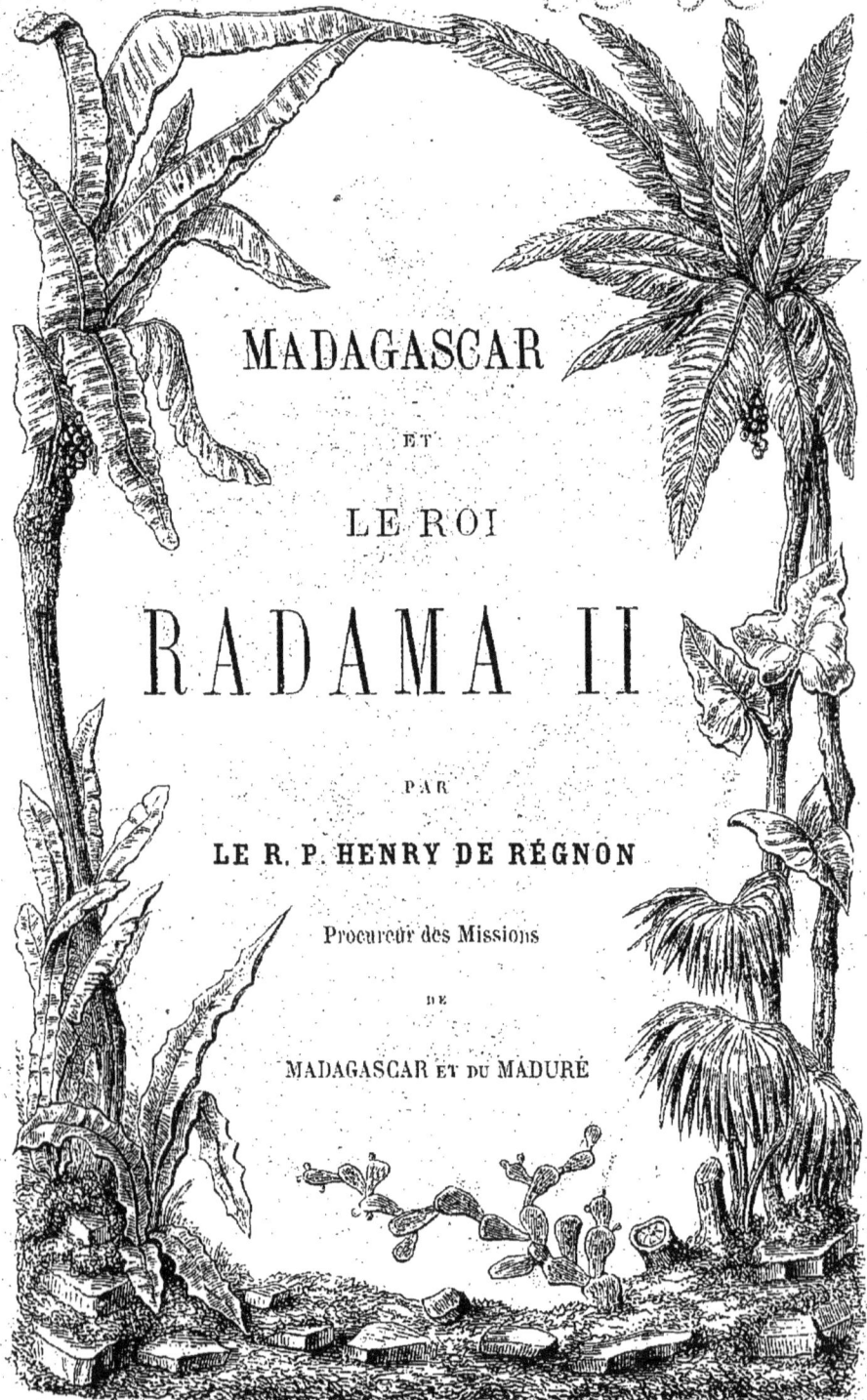

MADAGASCAR

ET

LE ROI

RADAMA II

PAR

LE R. P. HENRY DE RÉGNON

Procureur des Missions

DE

MADAGASCAR ET DU MADURÉ

MADAGASCAR

ET

LE ROI

RADAMA II

Imprimerie de L. TOINON et Cie, à Saint-Germain.

MADAGASCAR

ET

LE ROI

RADAMA II

PAR

LE R. P. HENRY DE RÉGNON

Procureur des Missions

DE

MADAGASCAR ET DU MADURÉ

PARIS — 1863

MADAGASCAR

ET LE ROI

RADAMA II

MADAGASCAR

La Grande-Terre (Hiéra-Bé) est ouverte depuis deux ans tout à l'heure. L'avénement au trône de Rakotond'-Radama inaugure une ère nouvelle pour ce beau pays. Les hommes sérieux, avant de se livrer aux espérances que résume le nom de Radama II, se demandent où en est, à Madagascar, l'œuvre de la mission catholique; car ils savent que là, comme partout ailleurs, la croix sera l'étendard de la civilisation vraie.

A ceux qui témoignent à ce sujet une noble préoccupation, disons quel est le vaste champ ouvert au zèle des missionnaires dans cette île grande comme un continent; racontons sommairement ce qui a été tenté jusqu'ici; montrons à l'œuvre les apôtres choisis pour évangéliser cette contrée.

Un coup d'œil sur le passé, en apprenant à compter sur la Providence dans le présent et dans l'avenir, ne présentera pas sans doute des résultats bien éclatants; mais quelle mission n'a pas eu à enregistrer des jours de laborieuse attente? la Chine, les îles du Japon, les Amériques, avant leurs périodes consolantes et glorieuses, n'ont-elles pas vu semer dans les larmes leurs chrétientés plus tard si florissantes? Le grain de senevé produit lentement un grand arbre, l'ombre de ses rameaux n'est pas un abri tutélaire avant le temps marqué dans les desseins providentiels.

Nous ne prétendons point placer en tête de ce travail un aperçu complet sur Madagascar, nous ne pouvons songer non plus à étudier les différentes races madécasses. On nous permettra néanmoins de rappeler à nos lecteurs certaines notions générales sans lesquelles on aurait peine à comprendre les difficultés de détail que les pères de la Compagnie de Jésus ont rencontrées durant les quinze années qui viennent de s'écouler.

I

L'île de Madagascar, située entre le 12º et le 26º de latitude sud, s'étend du 41º au 48º de longitude orientale. Elle est séparée de l'Afrique par le canal de Mozambique. La longueur de l'île est d'environ 340 lieues, sa largeur de près de 120 lieues. On n'évalue pas la superficie de cette terre à moins de 28,000 lieues carrées. Une chaîne de montagnes hautes de 2,000 à 2,600 mètres s'étend du nord au sud.

Les aspects les plus variés se rencontrent dans cette vaste étendue de terrain : on y trouve des rochers arides et de délicieuses vallées, des plateaux brûlants et des plaines couvertes de riches productions, des courants d'eau limpide et des étangs infects. C'est le pays des contrastes. Les fruits des climats chauds avec ceux des zones tempérées y mûrissent, selon la température et l'exposition. Aussi les richesses végétales de cette île ont-elles excité l'admiration de tous les voyageurs qui ont pu pénétrer assez avant dans l'intérieur. On a compté jusqu'à cent soixante-sept végétaux indigènes, transportés à l'île de France par un seul botaniste, dès l'année 1768 ; et depuis cette époque on n'a cessé de faire de nouvelles découvertes en ce genre.

Les montagnes renferment de l'étain, du plomb, et principalement du fer, dont les naturels exploitaient autrefois les mines. La houille est à proximité de ces centres d'industrie. Des carrières d'un abord facile fournissent le gypse (pierre à plâtre), le marbre pour la chaux, l'ardoise, la pierre meulière, le graphite pour les creusets. Les pierres de construction sont sous la main, depuis le *vato-vy*, au grain dur, jusqu'à celles dont le nom, *vato-didy*, indique qu'elles se taillent aisément.

Le quartz caverneux et vitreux ne manque pas, non plus que les gisements de cristal de roche ; on ramasse dans les sables des agates noires d'une grande beauté et quelques pierres précieuses.

D'immenses forêts s'étendent sur le littoral et dans l'intérieur du pays. Les constructions de la marine, les chantiers, l'ébénisterie, la marqueterie, y peuvent faire les plus beaux choix.

Nous présenterions une liste bien longue, si nous voulions nommer ici les quarante-cinq espèces de bois, toutes différentes comme résistance, utilité et couleur, que renferment les forêts encore peu explorées. Mais parler du vamboana, de l'ambora, du hazoména, du nato, de l'hazondranou, de l'alakamisy, du varongy, du vandrikia, de l'hitsikitsikia, du fantsikahitra

ou du volombadimpoana, ce serait encourir bé-
névolement le blâme d'avoir accumulé des termes insolites, bien qu'il faille appeler les choses
par leur nom, si étrange que ce nom puisse
être.

La soie sauvage (landy-dy), la grande soie
(landy-bé), les beaux cocons du bombyx noir,
ceux du ver qui file après s'être enterré (le
landy-autanty), se trouvent aussi à Madagascar; les magnaneries, dans lesquelles réussis-
sent également les vers à soie de la Chine et des
Indes, donnent des tissus fort appréciés des con-
naisseurs.

La cire, l'ambre gris, plusieurs résines d'un
parfum exquis, le copal, le caoutchouc, une
sorte de gutta-percha, le gluten-élémi, le rocou,
l'indigo, le coton, le lin, le chanvre, la girofle,
la cannelle, le poivre-cubèbe, le safran, le gin-
gembre, le piment, la casse, le riz et le maïs
fournissent au commerce d'abondants produits.

On y trouve les huiles de coco, de sésame,

d'arachide, d'onivao, de pignons d'Inde, de palme, de palma-christi. L'igname, le manioc, la patate douce, la pomme de terre, y donnent de bons résultats.

Une des cultures les plus belles est celle de la canne à sucre. Cette plante vient à toutes les expositions, dans le pays plat comme sur les collines; elle atteint des proportions telles qu'on rencontre, principalement sur les côtes, des pieds de canne qui ont six mètres d'élévation et huit centimètres de tour, près de la racine. Les grands établissements de MM. de Rontaunay et de Lastelle ont montré, pendant de longues années, ce qu'offrait de ressources un pays dont le sol est d'une si merveilleuse fécondité.

Les bœufs à bosse forment un article considérable d'exportation. Les troupeaux de bêtes à laine sont nombreux. Les mouillages de la côte rendent cette île un des points les plus importants du globe, sous le rapport commercial. Aussi, malgré la réputation d'insalubrité qui s'attache à bon nombre de basses terres de Madagascar, depuis le jour où d'Almeida reconnut et nomma l'île Saint-Laurent, des traitants de toutes les nationalités ont-ils essayé d'exploiter, autant que les circonstances le leur ont permis, les richesses si variées que cette terre renferme dans son sein.

II

Sous le rapport politique, Madagascar peut être divisé ainsi : le territoire des Hovas et le littoral.

L'intérieur de l'île est composé d'une série de plateaux élevés et très-peuplés. C'est là proprement le royaume des Hovas La capitale, Émirne, dite aussi Tananarive, la ville des Mille villages (Tanan-arivo) renferme environ 65,000 habitants. Elle est située par le 44° 59′ 45″ de longitude orientale, et le 18° 53′ 55″ de latitude

australe. Sa hauteur au-dessus du niveau de la
mer est de 1,500 mètres. Le climat y est tempéré
et on y jouit d'une salubrité parfaite. C'est une
cité de l'Orient, avec des rues tortueuses et
rapides. Les murs de clôture formant terrasse ;
les maisons en bois ou en pisé, dont quelques-
unes à plusieurs étages, sont ornées de belles
varangues ; les palais de Soanierana, celui de
Mandjaka-Miandana, de Tsahafaratra, de Trano-
vola ; les jardins et le tombeau de Radama Ier ; le
champ de Mars, où peuvent manœuvrer à l'aise
de 15 à 20,000 hommes ; au nord, le réservoir
des eaux servant de moteur à la fabrique de
poudre ; sur le point culminant de cette partie
de la ville, le tombeau de Rainiharo, dont l'ar-
chitecture rappelle le style des monuments
d'Égypte ; des arcades ornementées ; des villas
entourées de bosquets, et plus encore que tout
cela, les traces de ce gigantesque travail que
Radama poussait avec tant d'activité, lorsque la
mort vint le surprendre, — travail qui ne visait
à rien moins qu'à raser une montagne pour y

installer un faubourg de la cité, — tout cela est de nature à captiver l'observateur.

Du sommet de la montagne sur laquelle la ville est assise, le regard s'étend sur les immenses plaines arrosées par la rivière de l'Ikoupa. Des rizières distribuées avec une vraie intelligence d'irrigation sont traversées en tout sens par des canaux encaissés entre de fortes digues sur lesquelles sont bâtis ici des maisons isolées, là des villages entiers. Tantôt ces habitations dessinent à l'œil les sinuosités des chaussées, tantôt elles paraissent flotter au milieu des eaux. On admire à la fois et la nature si belle, et l'activité des Hovas, qui profitent des moindres circonstances locales pour féconder le sol.

Assurément, on sent à chaque instant le cachet de la demi-civilisation, mais on ne doit point oublier que cette nation est encore jeune, car, bien que la fondation du royaume d'Émirne soit entourée d'obscurités légendaires, nous n'apercevons à Ankova, vers 1740, rien qui annonce une nationalité déjà formée,

Les chefs sont en lutte avec les tribus de l'Ambongo et du Ménabé, mais jusqu'au moment où Andrianpoinimérina (le Désiré d'Émirne) apparaît, résumant en sa personne les idées de législation et de gouvernement, les Hovas ne constituent point un peuple proprement dit. Il faut donc tenir compte de cette donnée, que Émirne n'a encore connu que trois souverains depuis le fondateur de la dynastie. Et, si le concours de quelques hommes dévoués et intelligents est venu hâter la marche de ce peuple vers le progrès social, il n'en est pas moins vrai que des obstacles de détails ont paralysé longtemps cette influence. Seule, la prédication de l'Évangile peut donner à ce peuple, en perfectionnant ses tendances, en éclairant son intelligence, en lui enseignant les vertus qui ennoblissent le cœur, ce qui manque toujours, même sous le rapport de la prospérité matérielle, aux nations qui ne sont pas chrétiennes.

Si Radama II avait eu à recueillir un héritage autre que celui dont les annales de la couronne d'Émirne racontent les trois périodes, si Andrian-poinimérina, Radama Ier et Ranavalo avaient été des souverains catholiques, le peuple hova, au lieu d'être seulement riche des espérances de l'avenir, posséderait déjà un passé dont on pourrait raconter la grandeur. Au reste, nous dirons comment Radama II a compris ces principes féconds, dans quelle voie il tend à faire entrer la nation hova.

La population de la province d'Émirne est de 400,000 âmes à peu près ; l'effectif de l'armée s'élève à 45,000 hommes ; sept départements composent cette province où le caractère laborieux et intelligent des habitants est aisé à constater partout dans la culture, dans l'industrie, dans le commerce.

Si nous descendons vers les côtes, nous trouvons des peuplades sauvages, dont le type physique et moral présente avec ce que nous venons de dire un contraste des plus frappants.

Près du cap d'Ambre, le point septentrional de l'île, près des possessions anglaises du port

Louquez, habitent les tribus des Antavarts
(peuples du tonnerre), ainsi nommées parce
que les orages se forment d'ordinaire du côté de
la baie de Woémar ou de celle d'Antongil. Cette
tribu, renommée par son audace, trafique des
tissus de pagnes avec les nègres du Zanguebar ;
son territoire s'étend jusqu'à la pointe à Larrée
et jusqu'au fort Saint-Louis.

En descendant vers le sud, sur la côte orientale sont établis les Betsim'saraks (peuples unis) ;
le centre de leurs relations de commerce est le
port de Foulpointe, petite rade assez abritée et
fort connue des Européens. Ces indigènes pas-
sent pour les plus beaux de Madagascar ; leur
dissimulation et leur penchant à la rapine les
distingue plus encore du reste des insulaires
que leurs qualités extérieures.

Vient ensuite le pays des Bétanimènes (peuples de la terre rouge). C'est la partie du littoral
la plus peuplée. Ces tribus sont relativement
paisibles ; elles se livrent à l'agriculture dans les
intervalles de leurs expéditions avec les peu-

plades voisines. Tamatave est le centre des rapports avec les Bétanimènes.

Les Antacimes sont groupés sur les bords du Mangourou et du Mananzari. Ces parages ont été peu explorés par les Européens : le caractère violent des Malgaches, qui ont fait de Malatane leur entrepôt, et peut-être aussi la réputation fort inhospitalière de la rade, ont tenu les blancs à l'écart.

Le pays d'Anossy se trouve à l'extrémité sud de la côte orientale. Plusieurs petits chefs se partagent la domination des environs de Sainte-Lucie et du fort Dauphin, premier établissement de la France, à l'époque où Pronis et Flaccourt appelaient cette contrée la France orientale (1642-1648).

Toute la côte occidentale, sur le canal de Mozambique, est habitée par diverses peuplades connues sous le nom générique de Séclaves ou Saka-laves (hommes aux longues tresses). Leur capitale est Bambetock, sur l'Ikoupa, qui prend à son embouchure le nom de Bestibouka. Le voisinage de Zanzibar et de la côte africaine rend faciles les relations des Arabes Souahélis avec Bambetock, Mazangaye et la baie de Mavondana. Aussi trouve-t-on sur ce littoral, au milieu des transactions d'échange, un nombre d'Arabes plus grand encore que sur les autres marchés de l'île, bien que partout, à Madagascar, on rencontre les représentants de la race arabe se livrant au commerce sous toutes les formes.

La baie de Saint-Augustin est le point central de l'ancien pays des Buques ; les Mahafales, tribu séclave, sont groupés sur les bords du Yonggebab. Le littoral, depuis le cap Sainte-Marie jusqu'à la pointe Saint-André, est peu connu sous le rapport des divisions politiques ; les Européens ont toujours été assez mal accueillis dans ces parages.

Parmi ces tribus de la côte, qu'on désigne souvent par le nom de Malgaches, règne la dvision la plus complète : les haines, les rivalités, les jalousies personnelles entretiennent partout la défiance, souvent la discorde armée.

Dans l'intérieur de la tribu, ce n'est le plus souvent que kabares (assemblées) où les disputes et les altercations dégénèrent en rixes sanglantes.

Dans les relations de tribu à tribu, nulle entente durable, nulle association, même contre l'ennemi commun ; les chefs se haïssent, chacun aspire à étendre son despotisme. Chez les Sakalaves surtout, dont l'humeur guerrière est plus caractérisée, l'esprit d'indépendance et d'insubordination amène de fréquentes expéditions sur les territoires voisins. N'écoutant que leurs goûts de vagabondage, ils abandonnent leurs villages pour la plus futile cause, et se livrent sans frein à mille représailles cruelles, brûlant, pillant, détruisant les rares cultures et méritant à tous égards leur nom de jiriky (pillards).

La misère, la maladie, la famine, des terres d'une grande étendue et d'une fécondité prodigieuse abandonnées en friche, des populations

qui s'entre-tuent et qui se laissent asservir à la
nation hova bien inférieure en nombre, tels sont
les tristes résultats de ces divisions constantes.
Chez les Hovas, indépendamment de tout autre
élément de supériorité, il y a unité de vues et
d'intérêts, principe d'autorité, discipline réelle ;
chez les tribus des côtes, désunion et activité
désordonnée.

L'avénement de Radama II au trône d'Émirne
vient de modifier les rapports qui existaient depuis près d'un siècle entre les Hovas et les tribus
des côtes. Un fait significatif, c'est le retour vers
la Grande-Terre d'un bon nombre de Malgaches,
qui, sous le règne de Ranavalo, avaient quitté
Madagascar pour se retirer à Mayotte, à Nossy-
Bé, à Nossy-Faly, à Sainte-Marie ; ils reviennent
successivement vers leur patrie d'origine, assu-
rés de trouver désormais une sécurité qu'ils ne
rencontraient point alors, tenus qu'ils étaient
constamment en échec par les incursions des
armées hovas.

La lutte engagée entre ces derniers et les Sa-

kalaves touche à son terme. Nous ne pouvons
souscrire aux appréciations du correspondant du
journal *le Sémaphore*, qui, à la date du 26 juin
dernier, met en doute la réalité de la puissance
de Radama II, et, se plaçant à un point de vue ac-
ceptable peut-être avant les événements accomplis l'année dernière, regarde la domination du
roi d'Émirne comme une éventualité, et le nom
de Tsimiar comme un drapeau capable de ral-
lier les tribus Sakalaves.

L'auteur de cette correspondance semble nier
l'entente qui existe entre les représentants de la
cause française à Madagascar et le roi d'Émirne.
Il faut donc qu'il ignore la nomination de M. Jean
Laborde comme consul de la France à Tananarive, et qu'il suppose au gouvernement de la mé-
tropole le dessein de favoriser les résistances des
peuplades du nord ouest de l'île. Lorsque trente-
sept têtes d'Européens étaient placées en sinis-
tre spectacle sur les palissade de Tamatave, la
France pouvait bien songer à chercher pour sa
vengeance un point d'appui parmi les ennemis

de la dynastie hova. Mais, depuis que Radama II est roi, depuis l'ambassade de M. Lambert à Paris, depuis la mission de M. le commandant Brossard de Corbigny, la face des choses est changée.

Au reste, mettant de côté toute idée d'intervention étrangère dont la supposition plus que gratuite est démentie par les faits, les situations respectives des partis suffisent pour faire comprendre quel serait le résultat d'une prolongation d'hostilités entre les Hovas et les Sakalaves. Comme l'ont fort bien remarqué les hommes qui ont étudié de près cette question, il y a une nation Hova, il n'y a que des groupes plus ou moins considérables des Sakalaves. Eussent-ils, comme on nous le dit, douze cents barils de poudre, ils n'ont ni unité de vues, ni gouvernement, ni hiérarchie, ni cohérence. Il y a une politique hova : qu'elle soit hésitante, c'est possible ; toujours est-il que depuis Radama Ier le principe d'une monarchie a été posé et maintenu, tandis qu'il n'y a point de programme

arrêté parmi ceux qui tentent de se soustraire
au joug des Hovas.

Depuis des années déjà, le rôle des Sakalaves
est tout passif, ils sont loin de songer à la con-
quête de l'île, et si leur résistance a été parfois
énergique, ils ne tentent pas de reprendre les
postes qu'ils ont perdus ; ce qu'ils ont essayé
jusqu'ici, sans tactique sérieuse comme sans résultat positif, c'est de conserver, tantôt sur un
point, tantôt sur un autre, la portion de territoire qu'ils occupent.

Ajoutons que le Sakalave, méprisant tout ce
qui est culture intellectuelle et relations avec les
étrangers, en dehors des échanges de commerce,
ne tend à se créer aucun concours moral, tandis
que Radama II, avec le tact pratique d'une politique raisonnée, favorise l'instruction parmi
son peuple, appelle les blancs à sa cour et fait
constater son titre de roi de Madagascar par les
puissances établies de l'Europe, reprenant ainsi
l'œuvre de Radama Ier au point où celui-ci l'a-
vait laissée en mourant. La nationalité sakalave,

comme toutes les nationalités des peuplades madécasses, ne tardera donc pas à être absorbée
par la domination hova. Dans cet antagonisme,
il ne peut plus y avoir de problème ; le temps
ne saurait être éloigné où les faits auront dé-
montré la vérité de ces assertions.

III

Ce serait ici le lieu de placer un aperçu sur la
langue malgache ; mais les bornes de ce travail
ne nous permettent pas de toucher autrement
qu'en passant cette question intéressante, non-
seulement au point de vue philologique, mais
encore au point de vue de l'ethnographie.

Un fait assez singulier dans le domaine des
observations linguistiques, c'est que les Hovas,
auxquels les traditions tout aussi bien que le
type physique semblent assigner une origine

différente des autres tribus malgaches, parlent
une langue qui ne se distingue point de celle en
usage chez les populations primitives, sinon
comme un dialecte diffère d'un autre, en con-
servant l'identité radicale. Serait-ce donc, conformément à l'opinion de certains géographes,
que Madagascar aurait vu deux fois, à des épo-
ques différentes, aborder sur ses côtes des émi-
grants polynésiens? Les premiers, en se mêlant
à la population antérieurement venue de l'Afrique orientale, auraient créé le type malais afri-
cain de plus en plus modifié par le sang noir,
tandis que les derniers venus, traversant en
conquérants l'île jusqu'au plateau central, auraient conservé le teint olivâtre, la chevelure
lisse, et l'idiome dont l'articulation plus ferme
rappelle, avec des altérations de détails, la langue que Crawfort, Guillaume de Humboldt et
Dumont d'Urville ont reconnue dans tout l'ar-
chipel de la Malaisie.

La langue malgache est remarquable par son
harmonie comme par la multiplicité des syno-

nymes exprimant les nuances de la pensée. C'est
la même abondance de voyelles sonores qu'on
retrouve dans le malais des îles de la Sonde.
La traduction de ce langage, à la fois concis et
riches en termes spéciaux, exige mille péri-
phrases, lorsque nous voulons chercher dans
nos langues Européennes des équivalents. Un
grand nombre de mots composés expriment aisément les idées les plus complexes. Les affixes,
les particules explétives, les enclytiques y jouent
un grand rôle et, si la grammaire est fort simple,
si nous ne retrouvons dans le malgache ni les
genres, ni les nombres, ni les cas, ni la flexion
des déclinaisons, ni la distinction des substantifs
et des qualificatifs, la nombreuse nomenclature
des mots est telle qu'on n'a point lieu de regretter les formes absentes.

Ce que nous disons ici en général se rencontre
aussi dans la conjugaison se réduisant presque
à un paradigme unique et élémentaire, mais
empruntant aux préfixes significatives tout ce
qu'il faut ajouter ou changer à la voix active

pour obtenir le passif, le réfléchı, les formes potentielles ou causatives.

Cette langue n'a point de caractères propres. Depuis un siècle environ, les relations plus fréquentes avec les Antalaots ont introduit l'usage des caractères arabes, mais comme un certain nombre de lettres n'ont point de signes qui répondent à la prononciation usitée, il en résulte pour le langage écrit une altération qui ne laisse pas d'être sensible.

Les européens qui pénétrèrent à la cour d'Émirne sous Radama Ier firent, sinon prévaloir, au moins accepter l'emploi des caractères romains, qui maintenant semblent avoir conquis la préférence.

Quant à la littérature nationale, elle se compose presque exclusivement de chansons, de chroniques, de légendes et de proverbes dont les sentences sont à la fois pleines de grâce et de philosophie.

Terminons cet article en donnant un spécimen de l'harmonie de la langue.

C'est un fragment d'une lettre de Rakatond'
Radama.

« Antananarivo, 20 alahamady 1856, na 3 juillet 1855.

» ANY MONSIEUR JOUEN, CHEF MISSIONNAIRS DE
MADAGASCAR,

» Ary efa azoko ny taratasy nao, nentiny monsieur Hervier, koa dia efa voadiniko, sy no va-
kikio, koa dia veloma hianao ho tahin'And^{tr},
ka nefa na lavitra azy, ny elanelantsikia, aza
hadinoina, ni raharahantsikia, fa jereo tahaki
ny eo ambany ny maso-nao, ny olonory, sy olomahantra, ka inindry, monsieur J. Lambert,
lehilahy mahatoky, sy marina, mitondra ity taratasy ity, niahaona tamy ko, sy nilazako nidi-
nidinikia, nataoko tamy nao, Ary indry koa izy,
mba ho namanao, hanao izay takatry ny ainy,
sy izay fantatry ny sainy, hahatanteraka, sy
anao izay zavatra hahasoa any Madagascar, fa
indry M. J. Lambert, efa nahita ny hahoriany
ny olona, sy ny fahantrany, mitoetra amy ny

2

fadiranovana, fa tsy lazan' olona intsony, fa di' ny tenany no nahita ny toetrany ny fahoriany, sy ny fahantrany.

» Ary Monsieur Hervier, dia no lazaikio tamy ny Ineny, ka dia navelany izy, hitoetra ao Antananarivo, hampianatra soratra, sy ny teny nareo.

» Ary ny aminy ley Christian dimy lahy, efa any aminy Ile de Réunion, dia efa nahazo taratasy taminy aho, koa dia avelao hiany ireo izy ireo, hija nona hiany angaloha, fa mbola mafy hiany izao, ny fananjehana ny Christian aminy Madagascar, Ka raha tahin' And^{tra}, tsy ho ela intsony ireo izy ireo, di'a ho tonga aminy tanindrazany indray.

» Veloma sy finaritra ho tahin'And^{tra}, anie hianao, sy ny mpianahavinao ho tanteraka, ho ambiny n'And^{tra} anie, izao fikiasana nataontsikia zao, mba ahafaka ny olon-ory, sy ny olomahantra.

» Hoq RAKOTOND'RADAMA. »

TRADUCTION

~ « Tananarive, 20 alahamady 1856 ou 3 juillet 1855.

A MONSIEUR JOUEN, CHEF DES MISSIONNAIRES DE

MADAGASCAR.

» J'ai reçu votre lettre que m'a apportée
M. Hervier [1], et je l'ai lue et méditée ; vivez
donc et que Dieu vous aide ! Quoique nous
soyons très-éloignés l'un de l'autre, n'oubliez
pas notre affaire principale, mais ayez-la toujours présente à votre esprit, rappelez - vous
constamment ce peuple affligé et dans la misère.
M. Lambert, homme de confiance et plein d'é-
quité, qui vous porte cette lettre, s'est trouvé
en rapport avec moi ; je lui ai parlé de ce dont
nous avions traité ensemble ; il sera comme
votre compagnon ; il fera tous ses efforts et il
mettra tout son savoir à entreprendre et à effectuer ce qui peut être le plus avantageux à Ma-

[1] Le P. Finaz.

dagascar. M. Lambert a vu l'affliction générale du peuple et l'agonie dans laquelle il se trouve ; ce n'est plus par ouï-dire, mais personnellement qu'il a apprécié l'état de notre malheureux pays.

» J'ai parlé de M. Hervier à ma mère, et elle lui a permis de rester à Tananarive pour enseigner l'écriture en votre langue.

» Pour les cinq chrétiens qui sont à la Réunion, j'ai reçu leurs lettres ; laissez-les-y en attendant, car la persécution contre les chrétiens est encore très-violente à Madagascar ; mais avec la grâce de Dieu ils n'y resteront plus longtemps ; ils reviendront dans leur patrie.

» Vivez heureux ; que Dieu vous bénisse vous et tous vos Pères ; puisse le projet que nous avons formé s'effectuer pour délivrer ce peuple malheureux !

» Voilà ce que je dis.

» Rakotond'Radama. »

IV

Il ne nous reste plus qu'à dire un mot de la croyance religieuse des Madécasses avant d'entrer dans le récit des travaux d'apostolat tentés chez ces nations.

Longtemps il a été difficile d'obtenir sur ce point important des renseignements précis. Malgré des études sérieuses, malgré des interrogations réitérées, l'ignorance et l'insouciance naturelle des Malgaches empêchaient d'éclaircir beaucoup de difficultés de détail, d'autant plus que chez un peuple qui n'a point de livres de doctrine et qui distingue peu les rites sacrés des cérémonies de la vie civile, c'est une tâche assez peu aisée de discerner ce qui a un cachet religieux de ce qui constitue les formalités de l'étiquette usuelle.

2.

On a écrit que les Malgaches étaient idolâtres, et cette opinion semblait fondée sur quelques faits isolés; leur religion nous paraît devoir plutôt être nommée un fétichisme qu'un polythéisme proprement dit. Les fanafody, les aoly, les sikidy, qui correspondent aux gris-gris des nègres de l'Afrique centrale, n'excluent point chez les Madécasses l'idée première et dominante d'un Dieu unique qu'ils nomment Zanahary, celui qui a créé [1]. Ils l'appellent encore Andriana-Nahary, le seigneur qui a eu la puissance de créer..

D'autres fois ils le nomment Andriamanitra, le souverain maître des parfums. Peut-être entendent-ils par là celui auquel on doit offrir l'encens comme hommage; peut-être est-ce pour désigner sa nature spirituelle qu'ils prennent un terme de comparaison dans les choses de

---

1 *Zan,* celui; *naha,* radical du prétérit actif des verbes potentiels en *maha*; contraction de *mahay,* qui signifie : avoir la propriété de, être capable de, avoir la science de; *ry,* déterminatif explétif et multiple.

l'ordre naturel qui semblent le plus immatérielles.

Mais il ne faut pas leur demander une notion distincte des attributs de ce souverain maître, bien qu'ils admettent pourtant qu'il est tout-puissant, qu'il est au-dessus de toutes choses, souverainement indépendant. A-t-il une origine? Ils ne le croient point; mais, comme l'éternité est une donnée écrasante pour l'intelligence non éclairée par la foi, ils ne savent que répondre de prime abord à une question de ce genre. C'est un problème qu'ils ne se sont point posé.

Ils reconnaissent l'action providentielle de Dieu, son intervention dans les événements heureux ou malheureux. Un orage violent amène-t-il des désastres, la tempête gronde-t-elle sur la mer, ils disent avec gravité : *Zanahary méloka*, Dieu est irrité. Ce qui confirme chez eux la notion de la Providence, c'est que dans certaines circonstances importantes ils prient Zanahary. Les expressions *mijoro, fijoroana* (la prière dirigée vers Dieu, l'acte, le temps de la prière), si on les fait remonter à leur racine, impliquent l'idée de sacrifice. Cette offrande est tantôt un bœuf blanc présenté sans être immolé, *joro velona*, tantôt une victime', *ny tena-joro*, bœuf ou poule, tantôt une mesure de riz, *ny vary*, ou bien de l'eau bénite, *vanovoa-joro*, et les noms de *Ny Mpijoro, Mpisorona*, prouvent qu'il y a une forme quelconque de culte, car ces termes signifient le chef de la prière.

Cependant, pour le Malgache, prier, c'est demander à Zanahary quelque faveur et non proprement lui rendre hommage. Un missionnaire disait un jour à un indigène : « Viens à la prière. — Prier quoi? répondit celui-ci. » C'est-à-dire : « Je n'ai rien à demander maintenant, je n'ai besoin de rien. »

Quelques auteurs ont avancé que les Madécasses étaient déistes; ils en voulaient voir la preuve dans l'absence de culte public et de formes liturgiques; ils se confirmaient dans cette opinion en assurant qu'ils n'avaient découvert ni temples ni autels. Mais cette induc-

tion ne saurait être concluante. Autant vaudrait
dire que les premiers patriarches n'avaient ni
sacrifices ni prières, puisqu'ils ne possédaient
point de temples et n'employaient pas de formules spéciales dans leurs rapports avec Dieu.
Et puis, comment, lorsqu'on a seulement une
connaissance fort superficielle de la langue de
ces contrées, pourrait-on distinguer les chants
sacrés des cantates de réjouissances publiques
ou de divertissement journalier?

Il n'y a point d'ordre de prêtres et de sacrifi-
cateurs; mais chez les Malgaches comme chez
les patriarches, le chef de la tribu ou de la famille remplit ces fonctions.

A Tafondro, comme à la baie de Saint-Augustin, nos pères ont pu étudier les circonstances d'un sacrifice offert pour obtenir de
Zanahary une heureuse récolte. L'Ampanjáka
de la tribu immola un bœuf sur une natte en
présence de toute la population groupée autour
de lui; les femmes seules ne faisaient point
partie de la réunion. Deux cassolettes remplies

d'encens fumaient devant la victime, un orateur modulait un récitatif à voix basse et les spectateurs se couvraient le visage de la main, comme pour exprimer la réflexion et le recueillement. Bientôt on se leva, le bœuf fut dépecé et chacun emporta sa part de la victime sacrée. Ce sacrifice est celui des grandes circonstances, des intercessions solennelles. L'offrande des poules et du riz cuit est plus fréquente. Pour obtenir la guérison d'un malade ou le succès d'une expédition, on joint à ces sacrifices, dont on expose souvent les débris sur la voie publique, des prières adressées à Dieu toujours; dans les conjurations contre les sorts, dans les cérémonies destinées à apaiser les mânes, dans les anxiétés causées par les éclipses, c'est à Dieu principalement qu'on parle au moyen de supplications chantées ou du moins vocalisées.

Chez les Sakalaves et les Betsimitsaraks, il existe une coutume empruntée peut-être au souvenir des premiers missionnaires qui ont abordé à Madagascar. C'est la bénédiction donnée au

moyen de l'eau. Bénir et asperger, *fafy-rano*,
s'expriment de la même façon; *semer* l'eau
ainte et appeler la protection céleste sur le
voyageur, c'est tout un. Lorsque nos pères em-
menaient à la Réunion des enfants pour les
élever dans leur établissement de la Ressource,
cette sorte d'adieu patriarcal leur a semblé ne
manquer ni de grandeur ni de simplicité an-
tique. On apporte au chef de la famille un vase
contenant de l'eau qu'il agite en y plongeant
l'extrémité des doigts; il prie Dieu de bénir le
voyage de son fils; il souhaite que cet enfant
dont il va être séparé pour un temps conserve
la santé, qu'il grandisse, qu'il soit obéissant et
sage, qu'il mette à profit les conseils des blancs,
puis il demande à Dieu de récompenser les amis
européens qui sont bons pour son fils, qui vont
l'adopter jusqu'au jour où il reviendra au sein
de la famille homme et instruit.

L'enfant est à genoux aux pieds de ses parents : lorsque cette formule de souhaits, qui
varie selon les circonstances, est achevée, le

père jette quelques gouttes d'eau sur la tête de celui auquel il vient de souhaiter bon voyage et heureux retour.

V

On trouve à Madagascar, chez les peuplades de la côte comme chez les Hovas, la croyance au démon; mais l'esprit mauvais porte un nom qui semblerait autoriser l'idée qu'ils ne distinguent point les diables des âmes de ceux qui ont mené une vie criminelle. Les *lolo-ratzsé* (mânes pervers), *ango-dratzy* (méchants esprits des fosses), sont des espèces de vampires, des revenants, des corps animés de nouveau par des âmes, cherchant à nuire aux vivants. Les enfants, en particulier, redoutent le voisinage des tombeaux et ne s'y aventurent qu'après avoir fait une invocation à Zanahary, dont la protection enchaîne le mauvais vouloir des esprits errants dans les lieux funèbres. Ces âmes souffrent-elles, trouvent-elles après leur mort une sanction de leurs crimes, sont-elles immortelles? Ils ne savent point le dire; pourtant ils distinguent et vénèrent les *olomasina*, tombeaux des saints personnages, et prennent pour intercesseurs auprès de Dieu les âmes de ceux qui y reposent.

Il existe une classe d'hommes qu'on croit doués d'un pouvoir surnaturel, ce sont les sorciers, nommés *mososa*, sur la côte ouest. Ils sont, disent-ils, en rapport avec un démon ainsi appelé ; c'est le même que les Hovas nomment Ramahavaly et que nous retrouvons ailleurs sous le titre de Rambololo. Ces hommes invoquent cet esprit, ou plutôt le consultent avec des cérémonies qui rappellent l'exaltation des pythonisses anciennes. Ils composent et donnent des charmes, ils interrogent les sikidy, graines d'un certain arbre dont les combinaisons servent à découvrir l'avenir, à désigner les vo-

leurs, à retrouver les objets perdus. Ils connaissent le secret de former des amulettes et des talismans, dont les uns rendent invulnérables à la guerre, les autres préservent des accidents fâcheux ou encouragent dans le danger. Leurs formules mystérieuses d'enchantement couvrent-elles réellement des rapports avec le démon? sont-ce purement des jongleries? Toujours est-il que les heures d'inspiration du mososa durent peu et ressemblent aux atteintes d'une crise nerveuse. Il tremble, il semble souffrir. Alors le village se rassemble, les femmes battent des mains en cadence et commencent, pour entretenir son ravissement, une cantate dont le sens est difficile à saisir ; c'est un fragment dont voici les premières paroles :
Zanaka Benguy Lahy tsy milolo, tsy Ambony vato.

En prononçant ses oracles au milieu d'étranges convulsions, le mososa répète souvent le mot *hozi*, expression dont on se sert pour indiquer qu'on rapporte les paroles d'un autre, à moins qu'on ne veuille attribuer à *hozi* le

sens du terme *voici ;* ce qui après tout revient
au même. Le démon voudrait-il donc imiter
jusqu'au langage des prophètes : *Ecce..... dicit*
Dominus. Les indigènes ne doutent pas qu'il n'y
ait là un esprit envoyé par Zanahary ; c'est une
âme qui a bien vécu, disent les uns ; d'autres
vont plus loin : selon eux, c'est Dieu lui-même
qui transmet ses ordres par la bouche des de-
vins.

Le mososa fait commerce de *fanafody,* re-
mèdes cabalistiques et d'*aoly,* amulettes dont la
forme ainsi que la nature est très-variée. Ces
amulettes, que l'on porte au cou enfermées dans
un petit sachet de cuir, sont tantôt une balle
enchantée, tantôt une tête de petit caïman soutenue par un chapelet de perles, ou bien encore
une figurine grossièrement taillée. Il n'est guère
de Malgache qui ne soit paré de ce talisman ;
quelques-uns en portent une collection complète.

Dans la province d'Émirne, on compte quatre
idoles principales nommées Manjaka-Tsy-Roa,

Rakely-Malaza, Ramahavaly et Rafantaka ; elles
sont confiées à des gardiens et soigneusement
enfermées dans des cases. Sous le règne de
Ranavalona, elles étaient fort honorées, et lorsqu'elles étaient portées dans le cortége royal, le
peuple devait faire entendre le *Miholy*, ou chant
de joie. Rakely-Malaza avait surtout un grand
crédit. Elle pouvait, disait-on, éteindre soudain
le plus violent incendie.

Ces statues sont-elles réellement aux yeux
des Hovas des idoles ? sont-ce des *aoly* excep-
tionnellement vénérés ? Nous ne saurions trancher la question. Toutefois la croyance à Zanahary comme Dieu unique semble donner une
valeur à cette seconde opinion.

Dès la fin du règne Ranavalo, malgré les efforts de la reine et de ceux qui parmi ses conseillers tendaient à immobiliser le peuple dans
ces superstitions, le respect des Hovas pour leurs
fétiches commençait déjà à être fortement
ébranlé.

C'est que durant vingt-cinq années, sous Ra-

dama Ier, l'instruction chrétienne a été distribuée à toutes les classes de la société dans les
principales villes de la province d'Émirne. Le
crédit de Rakely-Malaza elle-même n'a pas sur-
vécu à la vieille reine; Radama II et la jeune
noblesse qui l'entoure portent le dernier coup à
ces pratiques en les vouant au ridicule.

On a confondu quelquefois à tort le mososa
des peuplades du littoral avec un être mysté-
rieux et malfaisant, le Mpamosavy des Betsimitsaraks, nommé Mpamoriki chez les Sakalaves.
Bien que le Mpamosavy s'entoure d'un prestige
fantastique, ce n'est point aux sortiléges seulement et à la puissance des maléfices qu'il doit la
terreur qu'il cause; le poison et le poignard sont
entre ses mains des armes également redouta-
bles. Il vit dans les bois ou du moins loin du
commerce habituel des hommes. Est-ce une
monomanie misanthropique qui le pousse à
donner des breuvages vénéneux et à attaquer de
vive force la nuit ceux qui se sont attardés autour de sa demeure? Quelques-uns le croient,

d'autres affirment qu'il est l'exécuteur de *vendettas* secrètes, qu'il accomplit la triste mission de faire disparaître sans bruit les membres de la tribu dont les chefs veulent se débarrasser.

Jusqu'ici, une seule chose a été constatée à ce sujet, c'est la crainte générale causée par le Mpamosavy et les précautions prises par tous pour éviter sa rencontre.

Un usage qui ressemble beaucoup au Tabou océanien se retrouve chez les Malgaches. Le Mpanjaka d'un village déclare *fadi* un objet, qui devient alors sacré ou interdit. Le travail est *fadi* pendant toute la durée des funérailles d'un chef; personne ne peut s'y livrer sans se rendre coupable. Un arbre est proclamé *fadi;* en arracher une feuille devient un crime. Il est des objets *fadi* par suite d'un vœu national ou d'un engagement personnel ; tel homme ne mangera pas de tortue, telle tribu n'usera point de porc comme aliment, par suite du *fadi.*

Une autre application du *fadi*, c'est une sorte d'excommunication portée par un chef. Dès lors

toute relation avec le lieu ou la personne ainsi
frappée d'interdit devient une désobéissance
grave entraînant une sanction pénale. Nos pères
ont eu, en plusieurs rencontres, l'occasion de
constater tout le respect des Malgaches pour le
fadi; leur case, leur église, leur école, une
fois déclarée telle, devenait une solitude dont
personne n'osait plus fréquenter les abords.
Leurs questions devenaient sans réponses; tout
échange, tout achat de provisions devenait impossible ; ils se voyaient condamnés à un isôle-
ment qui réduisait à néant les plus industrieux
efforts de leur zèle.

RADAMA II

Les événements accomplis à Madagascar, au
mois d'août 1861, n'ont pas eu seulement dú retentissement dans l'empire hova et parmi les tribus madécasses du littoral. Radama II vient d'envoyer de nouveau à Paris celui qu'il avait choisi
l'année précédente pour porter en son nom, à la
France, le salut de joyeux avénement. M. Lambert, si honorablement connu par les services
qu'il a rendus à la cause française sur la terre
malgache, a reçu parmi nous un accueil qui té-
moigne hautement de la sympathie sérieuse
dont le souverain de Madagascar est l'objet à
si juste titre.

3.

Bientôt le traité de commerce sera officiellement ratifié. Les relations avec Madagascar, si longtemps rares et périlleuses, vont devenir fréquentes, grâce aux conventions renfermées dans la charte confiée à M. le duc d'Emirne. Au moment où l'île africaine va entrer dans le mouvement d'idées et de transactions européennes, nous croyons utile de faire connaître le jeune roi que la Providence semble avoir choisi pour tirer de la barbarie et sauver de l'ignorance un peuple courbé si longtemps sous le joug de la superstition.

Ce n'est point un éloge de Radama que nous présentons ici, c'est mieux que cela, pensons-nous. Dans cette étude les faits parlent plus haut que ne sauraient le faire les appréciations les plus louangeuses.

A certains hommes la vérité suffit.

Pour se rendre compte de ce qui se passe à Tananarive, depuis deux ans tout à l'heure, il faut jeter un coup d'œil en arrière. Pour analyser certaines difficultés qui se rencontrent en-

core dans le présent et montrer l'avenir sous son
vrai jour, il est nécessaire de se rappeler la pé-
riode antérieure. Pour juger Radama II, il con-
vient de ne point oublier ce qu'a été Rakotond'
Radama. Souvent on ne comprend certains actes
qu'en les reliant à des tendances d'autant plus
significatives qu'elles datent de loin déjà.

I

RANAVALO ET SES MINISTRES

Rakoto est fils de Radama; le nom tristement
célèbre de sa mère Ranavalona résume un règne
où les scènes de tyrannie sanglante se trouvaient
à l'ordre du jour.

Ce n'est pas ici le lieu de rappeler ce que Madagascar a longtemps été sous l'empire de la su-
perstitieuse et humiliante pression des ministres

qui poussaient la reine à de si déplorables excès.

Nous ne voulons point peindre l'état de dégradation et d'abaissement où les vues d'une politique ombrageuse avaient précipité ce royaume. Si nous prétendions raconter les désastres du Tanguen, les hontes du fétichisme, les ravages des luttes intestines, les rigueurs de l'esclavage, nous entreprendrions une tâche difficile et délicate. Nous ne pouvons oublier que, si Rakotond' Radama a gémi longtemps à la vue de ces malheurs, son cœur de fils souffrait néanmoins d'entendre stigmatiser la mémoire de sa mère. Et puis, ce n'est pas à Ranavalo seule qu'on doit imputer les souillures du règne qui vient de finir. Une grande responsabilité pèse sur cette femme ; toutefois la justice nous fait un devoir de dire qu'elle fut entraînée par des intrigants qui avaient su capter sa confiance.

Ces hommes lui représentaient hardiment que pour gouverner il fallait se borner à ces trois tendances : — Diviser, abrutir, exterminer — que le secret de la force était là.

Diviser, en maintenant partout la discorde et en excitant les chefs les uns contre les autres.

Abrutir par l'excès de la servitude, afin d'étouffer jusqu'au sentiment de la liberté et presque jusqu'à l'instinct de la conservation.

Exterminer sans pitié tout ce qu'on pouvait soupçonner capable d'énergie, de courage et de révolte, conformément à cette maxime, si fidèlement réduite en pratique, pendant des années, sur le territoire soumis aux Hovas : Vexer le peuple et le vexer sans relâche, c'est la seule manière de le contenir.

Comment Rakoto, élevé au milieu des ténèbres de l'erreur, comment ce prince dont l'enfance a été entourée de tant d'éléments faits pour vicier les plus généreuses natures, qui a entendu, dans sa jeunesse, tant de sentences de proscriptions, de spoliation et de mort, a-t-il conservé les nobles aspirations qui le distinguent et l'exquise bonté qui le caractérise ? C'est le secret de la divine Providence. Après l'orage, elle fait briller l'arc-en-ciel; elle tient en réserve, pour l'heure

de l'affranchissement moral des hommes dont le
nom, au plus fort des épreuves, demeure comme
le gage des jours meilleurs de l'avenir.

II

RAKOTO ET M. LABORDE

Au nombre des heureuses influences qui devaient servir à rendre le prince ce qu'il est, il
faut placer assurément l'ascendant salutaire, sur
Rakoto encore jeune, des conseils, des exemples
et de l'amitié d'un Français. M. Jean Laborde,
à qui semblait réservée la mission de faire l'é-
ducation du futur roi de Madagascar, est arrivé
près de lui dans des circonstances assez singu-
lières pour qu'on puisse bien y reconnaître une
disposition providentielle sans être accusé d'être
de parti pris à la recherche du merveilleux.

En 1831, il fait naufrage sur la côte-est de l'île et peu de mois après, présenté au prince par M. de Lastelle, il pénètre jusqu'à Tananarive. Dès lors, mettant en œuvre son industrieuse et énergique activité, il vient à bout de créer dans la province d'Émirne, avec les seules ressources du pays, des établissements d'une haute importance. Sous sa direction s'élèvent des fonderies de canons, des fabriques de fusils, des verreries, des faïenceries, des forges, des ateliers de charpenterie, des usines de toutes sortes pour traiter les minerais, faire des acides et exploiter les différentes richesses du sol. Il donne ses soins à la manutention des matières premières de l'exportation commerciale; les magnaneries, les sucreries, les rhumeries forment de grands centres industriels. Mais le voyageur qui s'arrête à Soatsimanampiovana, résidence de M. Laborde, à huit lieues de Tananarive, est moins étonné encore de ces merveilles que charmé par une franche et princière hospitalité. Pendant vingt-six ans, M. Laborde poursuit son œuvre de

courageuse activité ; Rakoto, dont le cœur sait
apprécier l'intelligence et le dévouement s'est
bientôt lié avec lui d'une étroite amitié et jusqu'au
moment où la jalousie des ministres condamna
à l'exil celui auquel la province d'Ankova aurait
dû témoigner tant de reconnaissance, les relations les plus intimes entre le prince et son ami,
ne furent jamais troublées par le plus léger nuage.

M. Laborde, proscrit enfin par les représentants des idées anti-européennes, dut céder à l'o-
rage ; mais, en quittant Madagascar, après les
événements de 1857, pour se réfugier à l'île de
la Réunion, pauvre comme le jour où la vague
l'avait jeté sur la Grande-Terre, il put s'éloigner
sans regrets trop amers. Il emportait la douce
conviction d'avoir accompli une grande mission ;
il avait fait plus que de doter Émirne de riches
établissements et que d'initier les Hovas à nos
connaissances industrielles, il avait bien employé
les années, car il avait appris au jeune prince
Rakoto à aimer la France, en le formant et l'ins-
truisant, l'avait décidé à se dévouer au bonheur

de son pays. Au reste, les nobles sentiments de son royal élève disent assez combien son paternel dévoûment était parvenu à se faire apprécier.

La lettre suivante, écrite par le prince à son ami, dans un moment de douloureux épanchement, à la nouvelle des scènes de dévastation qui avaient couronné une expédition dans le Sud, présente un ensemble de filiale compassion pour la politique de la reine et de généreux élans vers l'émancipation de la patrie.

Nous croyons pouvoir la citer comme une éclatante démonstration des affirmations qui précèdent.

« Mon Père et cher Ami,

» Ne vous abusez pas sur mon pouvoir; ma malheureuse mère a été complétement circonvenue par les meneurs qui l'entourent, depuis que leurs intrigues l'ont placée sur le trône. La mort seule peut triompher désormais de son aveuglement. Mais c'est ma mère, je ne dois pas l'oublier. Elle m'aime, je lui dois la vie; il faut donc me résigner à attendre avec patience. Dieu, je l'espère, viendra à notre secours. Mais si j'avais le pouvoir des princes européens, et que je fusse informé qu'un peuple fût plongé dans une abjection pareille à celle où se trouve le nôtre, je ne resterais pas dans l'inaction. Écrivez donc au roi des Français, expliquez-lui notre situation. Dites-lui que je m'unirai à lui de cœur et que je seconderai, de toute mon autorité, les efforts tentés pour civiliser une nation intéressante. Elle est barbare encore, vous le savez, mais ce n'est pas tout à fait sa faute. Faites comprendre, mon ami, que je serai satisfait, quoi qu'il puisse survenir, pourvu que ce peuple soit heureux. Si vous croyez qu'une lettre de moi puisse être utile, je vous la donnerai volontiers, à l'instant.

» Vous m'avez dit souvent que, tout en attendant le succès de Dieu, il fallait se mettre à l'œuvre soi-même et agir d'après les facultés intellectuelles que nous avons reçues de lui. Je suis bien convaincu de ce devoir, mais mes efforts viendront infailliblement échouer devant les

convictions de ma mère qui se croit infaillible et
seule puissante sur la terre. Le fétichisme la do-
mine; nous aurons beau faire, les prêtres des
idoles, en qui elle a une aveugle confiance, triom-
pheront de nos tentatives. Ils nous seront d'autant plus contraires, qu'ils ne peuvent se faire
illusion sur la durée de leur influence. Ils savent
que leur puissance ne durera pas plus que le règne actuel.

» Le secours de la France, il faut l'invoquer
par tous les moyens en notre pouvoir. »

N'est-il pas vrai, que des pensées aussi nobles,
aussi intéressées consolent l'âme qui sent le besoin d'oublier de tristes réalités?

III

RAKOTO ET LES SUPERSTITIONS

La croyance en un Dieu unique nommé Zana-
har s'allie chez les Madécasses à une foule de

pratiques superstitieuses. Ils consultent le Sikidys (les sorts) et ont des fétiches de prédilection.
La province d'Émirne en compte quatre principaux : Manjaka-Tsy-Roa, Rakely-Malaza, Rama-
hafaly et Rafantaka. Ces quatre idoles ont une
existence légale ; elles possèdent des cases, des
apanages, des prêtres, elles accompagnaient la
reine dans ses voyages ; lorsqu'elles viennent à
passer dans les rues d'une ville, portées par les
ministres préposés à leur garde, le peuple est
obligé de venir rendre hommage ; les femmes
doivent chanter en s'accompagnant de batte-
ments de mains cadencés, tandis que les hommes font entendre, comme démonstration de
joie et d'enthousiasme, le *Miholy*.

Ces momeries trouvent, il est vrai, bien des
incrédules, mais personne toutefois n'ose con-
damner ouvertement des usages protégés par
les lois du royaume.

Lorsque sa majesté Ranavalo rentrait dans le
palais, elle ne manquait jamais de se rendre devant le tombeau de son royal époux; après l'avoir

salué, elle prenait une de ces idoles qu'elle élevait avec respect au-dessus de sa tête, en priant quelques instants pour invoquer sur elle et sur son peuple l'esprit de ses ancêtres.

Rakely-Malaza surtout jouissait d'un grand crédit près de la reine ; cette divinité, lui avait-t-on dit et répété, est si puissante qu'elle éteint, par sa seule présence, les flammes du plus violent incendie.

Un jour, Rakoto, qui n'a jamais cru à toutes ces absurdités, entendait ces puériles déclamations ; il écoutait en silence. Tout à coup, ne prenant conseil que de son désir de désillusionner sa mère, il réunit quelques-uns de ses amis, aussi jeunes que lui, et mit le feu à la case de la divinité. Favorisée par la brise, la flamme envahit rapidement le sanctuaire de la déesse. C'est tout au plus si l'on eut le temps de sauver Rakely-Malaza, que le feu menaçait de ne point respecter. Le gardien, en emportant son dieu qui commençait à brûler, fut lui-même atteint par les flammes.

Les Sikidys sont des sortiléges que l'on doit consulter avant toute action importante; c'est une sorte de divination, non point à l'aide de cartes, mais au moyen de petites pierres, de graines de fèves, etc., lesquelles, rangées et combinées de certaines façons, prédisent infailliblement le bon ou mauvais succès d'une affaire. Rien ne se faisait dans le palais de la reine sans interroger préalablement les Sikidys : on n'aurait pas entrepris une promenade, revêtu un habit, touché à un mets sans avoir consulté l'oracle.

Quant au Tanguen, cette coutume barbare consiste, on le sait, à empoisonner juridiquement un prévenu, afin de s'assurer, par les efforts de l'organisme luttant contre l'intoxication, de la vérité ou du peu de fondement des soupçons.

Tels sont les exemples que Rakoto a eu sous les yeux depuis son enfance, tels sont les enseignements contre lesquels il a dû réagir. Eh bien ! ce jeune prince, à qui Dieu a donné, avec un grand fond de droiture, le sentiment inné de ce qui commande le respect, ce prince qui n'a jamais quitté Madagascar, dont les plus longs voyages ne se sont jamais étendus jusqu'aux confins du royaume, n'a retiré de cette éducation première, qu'un profond mépris pour toutes ces jongleries. Son bon sens instinctif l'a élevé au-dessus de ces misères dont il ne se faisait pas faute de se moquer, même aux yeux de la reine. — « Oh ! le bon fils que Rakoto, disait-elle un jour, un peu déconcertée de tant d'assurance, c'est bien dommage en vérité qu'il ne veuille ajouter foi ni aux idoles, ni à la divination, ni au Tanguen ! »

Non-seulement il ne croit pas à ces absurdités parfois cruelles, mais il les a en exécration ; il sait tout le mal qu'elles ont causé et les nombreuses victimes qu'elles ont faites chaque jour ; aussi n'est-il rien qu'il ne tente pour les anéantir.

IV

LES MÉNA-MASO

Les Ména-Maso sont des jeunes gens choisis parmi les plus intelligents, les plus actifs et les plus dévoués; ils forment la garde de Rakoto. Ils n'ont aucun grade dans l'armée, afin de demeurer plus libres d'être toujours à la disposition du prince qui les emploie dans des missions souvent délicates, car ils sont à la fois ses conseillers, ses aides de camp, ses ingénieurs et les instruments de ses œuvres de bienfaisance. S'agit-il d'aller briser les fers d'un prisonnier ou d'empêcher les désastreux effets de l'administration juridique du Tanguen, Rakoto fait aussitôt partir quelques-uns de ces jeunes hommes pour porter ses ordres et l'exécuteur des hautes œu-

vres, sachant bien ce que signifie cette intervention favorable, prend des précautions dont le
résultat empêche la mort du prévenu. Combien
d'innocents ont été sauvés ainsi, lorsque Rakoto
a pu être averti à temps pour envoyer l'un de
ses fidèles dans le village où l'épreuve devait
être subie.

Bien que les Ména-Maso n'aient eu, pour se
former aucune des études préalables qui, chez
nous, constituent une instruction réelle, ils pui-
sent, dans leur dévouement pour le prince et
dans leur spontanéité, des ressources telles qu'ils
accomplissent parfois des merveilles. Ils ont construit des ponts sur des rivières que les pluies
transformaient en torrents où beaucoup de malheureux périssaient chaque année. Ces travaux,
sans avoir la perfection des ouvrages d'art de nos
architectes européens, témoignent, par leur har-
diesse et leur intelligente exécution, de la capa-
cité native de ceux qui ont su les mener à terme.

Au reste, les aptitudes des Hovas pour tout ce
qui exige de la précision et de l'adresse sont fort

remarquables. Un de ces jeunes gens, sans autre modèle qu'une simple gravure apportée de France, a construit une petite locomotive à vapeur qu'on peut voir fonctionner à Tananarive, avec une parfaite régularité de mouvement.

Le dévouement des Ména-Maso pour Rakoto n'a d'égal que l'affection dont ils sont l'objet de sa part; mais, précisément parce qu'il compte sur eux comme sur lui-même, parce qu'il sait qu'ils sont prêts à exécuter ses ordres, la nuit aussi bien que le jour, il fournit à leur active abnégation bien des occasions de se produire, il suffit qu'il leur dise : — Allez, et ils vont ; venez, et ils viennent; mourez, s'il le faut, et ils meurent. — C'est l'héroïque fin que plusieurs ont déjà trouvée, dans l'accomplissement des nobles et périlleuses missions qu'il leur confie.

L'exemple que le prince donne à ses amis est le meilleur des enseignements; il se dépense lui-même avec une véritable activité. Méprisant tout ce qui s'éloigne de la plus aimable simplicité, il est constamment prêt à se faire porter,

sur son palanquin formé de deux bambous et de
quelques courroies, là où sa présence peut être
utile. Par tous les temps, à toutes les heures, il
franchit rapidement les distances, sans être arrêté par les obstacles de la route et ceux qui le
voient presser ainsi sa course disent avec atten-
drissement qu'il va accomplir une bonne œuvre.
Les malades qu'il visite, les affligés auxquels il
porte de bonnes paroles, les prisonniers dont il
court hâter la mise en liberté, les pauvres qui
reçoivent de lui des preuves de bienveillante
condescendance, pourraient, au besoin, raconter de touchantes histoires et fournir des détails
intimes sur les excursions du prince.

Un jour, Rakoto déjeûnait avec quelques amis :
une femme vient éperdue se jeter à ses pieds.
A travers les sanglots qui l'étouffent, elle formule cette prière : « Prince, tout à l'heure dans
mon village plusieurs hommes vont être mis à
mort, ils sont innocents ; parmi les condamnés
se trouvent mon mari et mes enfants. Ayez pitié
de nous. »

Rakoto s'adresse à ses Ména-Maso : « Partez, leur dit-il, hâtez-vous et délivrez ces infortunés. »

Bientôt les envoyés reviennent consternés ; ils racontent que, malgré leurs efforts, il leur a été impossible de parvenir jusqu'aux condamnés. La prison ne s'est point ouverte devant eux, l'officier de garde les a repoussés.

Le prince se lève aussitôt de table, il monte à cheval et arrive à la prison. Là, prenant un ton d'autorité, il se fait ouvrir les portes, il pénètre jusqu'aux malheureux qui n'attendaient plus de secours, il fait briser leurs chaînes et protége leur fuite. Puis, se tournant vers l'officier qui commandait le poste, il lui dit : « Vous m'avez reconnu, je n'ai donc pas besoin de me nommer. Si l'on vous interroge sur l'incident dont vous venez d'être témoin, vous répondrez que l'auteur de cette audacieuse tentative est le fils de la reine. Seulement, cette explication, vous la donnerez lorsque les prisonniers seront à l'abri de toute poursuite. Vous pourrez parler alors ; jusque-là : silence. »

V

RAKOTO SAUVE CINQ FRANÇAIS

Le 14 juin 1855, un navire français l'*Augustine*, étant venu dans les parages du Fort-Dauphin pour une transaction commerciale, le capitaine envoya à terre un officier avec un délégué, un interprète et deux matelots, pour traiter avec les chefs du village ; mais ils tombèrent dans une embuscade que leur avait tendue un poste hova, ils furent faits prisonniers et dirigés sur Tananarive. Ils ne pouvaient se faire illusion sur le sort qui leur était réservé ; on les accusait, malgré leurs dénégations, d'être venus vendre des canons aux tribus ennemies et recruter des travailleurs pour Bourbon ; or, le gouvernement de la reine avait décrété la peine

4.

de mort contre tous ceux qui tenteraient l'exportation des indigènes.

Ces Français étaient MM. Perrier de Hautesrives, Paré, Sévère, Mallet et Lepape.

La nouvelle de leur arrivée à la capitale causa dans le conseil d'Emirne une grande agitation. Ranavalona, poussée par quelques-uns des ministres les plus influents, voulait à tout prix faire un exemple. On s'agitait dans une délibération orageuse ; on répétait autour de la reine, pour la déterminer à un acte de rigueur, qu'il était nécessaire de frapper un grand coup. « Il faut, lui disait-on, leur faire trancher publiquement la tête, afin de montrer au peuple que nous ne craignons pas les blancs. C'est un moyen sûr d'empêcher qu'on ne vienne désormais voler du monde dans notre pays. »

Rakoto, avec une courageuse indépendance, prit la défense des prisonniers ; on voulait les perdre, lui avait résolu de ne point les laisser sacrifier. Il représenta donc qu'une mesure aussi grave entraînerait assurément les plus fâ-

cheuses conséquences, et que la France ne lais-
serait pas longtemps impuni ce qu'elle appelle-
rait à bon droit l'assassinat de ses enfants. Il sut
prendre un tel ascendant vis-à-vis des membres
du conseil qu'on n'osa plus parler d'exécution :
on se décida alors à vendre les prisonniers
comme esclaves.

Le prince était tenté de combattre encore
cette sentence ; il savait bien que les Français
préfèrent la mort à l'esclavage, mais il jugea
plus prudent de ne pas insister davantage. —
« J'ai sauvegardé leur vie, se disait-il, je saurai
» bien obtenir leur liberté. » •

Sur ces entrefaites, on annonce que les cinq
captifs blancs sont à dix lieues au sud de Tananarive. Aussitôt Rakoto part en toute hâte pour
se rendre au-devant d'eux avec toute sa suite.

A l'aspect de ces figures européennes épuisées
par de longues souffrances, le prince fut tellement ému qu'il ne chercha point à cacher ses
larmes. Il serra cordialement la main à nos
pauvres compatriotes et leur fit servir à l'instant

un excellent repas qu'il avait fait apporter de la ville pour restaurer leurs forces. S'étant aperçu que les Français n'avaient plus de souliers, il ôta les siens, commanda à ses amis d'en faire autant et donna à choisir aux prisonniers parmi ces chaussures qu'il mettait à leur disposition. Il s'assit près d'eux pour les servir, s'entretint familièrement et longuement avec eux, puis revint à la capitale où il s'empressa de raconter l'impression profonde qu'il avait éprouvée en voyant les prisonniers blancs.

Trois jours après les Français entraient dans la ville.

Ranavalo ne partageait point la sympathie de son fils pour ces hommes dont on avait pensé à ordonner le supplice ; elle les fit enfermer sous bonne garde. La consigne la plus sévère avait été donnée, ils étaient au secret. Rakoto, prévoyant bien que tout leur manquerait au fond du réduit où ils étaient relégués, trouva dans son cœur assez d'industrieuses ressources pour ranchir tous les obstacles, il les visitait chaque nuit, voulant pourvoir lui-même à ce qu'ils ne manquassent de rien. Il alla même jusqu'à les faire élargir provisoirement, et leur procura, à plusieurs reprises, la jouissance de se retrouver libres dans son palais. « Ne suffit-il pas, disait-il avec chaleur, qu'ils soient étrangers et malheureux pour que je doive tout braver pour les secourir, tout, même les ordres arrachés à ma mère. » Cette intrépidité est d'autant plus remarquable que, dans l'habitude de la vie, ce prince est constamment soumis et respectueux.

Les instances et les démarches infatigables du prince furent enfin couronnées de succès, il obtint la liberté des cinq captifs, moyennant une somme de 600 piastres d'Espagne comptées à l'instant par M. Laborde qui avait puissamment aidé son ami de son crédit pendant le cours de cette épineuse négociation. Au moment où ces dispositions étaient prises à la capitale, on y recevait une lettre dans laquelle M. Lambert, avec sa générosité habituelle, s'offrait à payer tout ce qui serait exigé pour la rançon.

La bonne nouvelle de la délivrance fut portée à la prison par Rakoto lui-même; ce fut pour son cœur une douce consolation de jouir du bonheur d'avoir fait des heureux. Après avoir délivré nos marins, il voulut les fêter; il leur offrit un banquet à sa villa située au bas de la montagne. Là, chacun se livra à son aise aux transports de la joie et de la reconnaissance. A l'heure de la séparation, les Français purent constater que leur libérateur avait tout prévu, même les besoins de l'avenir. Ils reçurent des mains du prince avec du linge, des vivres et des provisions, une somme de 500 francs destinée aux frais de leur voyage, payé du reste jusqu'à la côte. D'où venait cet argent? Rakoto avait fait parmi ses amis une collecte. Cette somme en était le produit.

Après quoi, les ayant embrassés cordialement, il les congédia non sans regrets, les laissant remplis de gratitude pour sa personne et proclamant avec effusion qu'il leur avait été donné de trouver au centre de l'empire hova le modèle accompli de la bonté, du dévouement et de la bienfaisance.

VI

LES AMBASSADEURS DE RAKOTO

Les Pères de la Compagnie de Jésus évangélisaient, depuis plusieurs années les petites îles : Nossi-Bé, Mayotte, Sainte-Marie, Nossi-Faly. Ils avaient fondé à la Réunion deux établissements destinés à l'éducation et à la formation morale de jeunes Malgaches qu'ils allaient recruter à Madagascar et qu'ils ramenaient ensuite dans leur patrie, lorsqu'ils les avaient suffisamment initiés à la connaissance de notre sainte religion. La Ressource et Nazareth sont des écoles primaires et des maisons de travail agricole aussi bien que d'apprentissage industriel. Ce n'est pas ici le lieu de dire en détail les merveilles que la bénédiction de Dieu y opère; dans une étude spéciale sur la mission de Madagascar, nous consacrerons un article à ces œuvres pleines d'avenir.

Au mois de juillet 1853, le R. P. Jouen, préfet apostolique de Madagascar, ayant exploré avec soin la côte ouest, avait jugé à propos d'établir à la baie de Baly, près de Bombetock sur l'Ikoupa un poste de missionnaires. Le roi des tribus Sakalaves de l'Ambongo, Rabouky avait accueilli les Pères avec bonheur et les chefs de la station navale de l'Indo-Chine, ainsi que les officiers de notre marine, avaient prêté à cette installation le plus généreux concours.

Mais cette tentative faite sous d'heureux auspices, devait être traversée par mille difficultés. Rabouky ne tarda pas à mourir, sa fille Otsinjo qui lui succéda n'avait point hérité de l'affection de son père pour les Européens. Des intrigues de toutes sortes, les sourdes menées des Arabes dont la présence des Pères gênait les odieux trafics et, plus encore que tout cela, les

préoccupations de la reine Ranavalo, à la nouvelle de ce qu'elle nommait l'envahissement de
son territoire, amenèrent bientôt des événements dont la gravité eut du retentissement
jusqu'en Europe.

Dans ces circonstances difficiles, Rakoto nous
donna encore une preuve de sa sollicitude affectueuse. Il suivait attentivement ce qui se tra-
mait à Tananarive ; il réussit à découvrir que les
ministres faisaient partir des émissaires chargés
de se défaire sans bruit des missionnaires établis
chez les Sakalaves. Aussitôt il se décide à envoyer aux Pères quelques hommes sûrs pour
leur donner avis de ce qui se prépare contre eux
et les assurer de l'amitié qu'il leur porte. Pour
réaliser ce dessein, il fait chercher par toute la
provin e d'Émirne des chrétiens [1] qu'il charge
d'une lettre et de présents. Le chef de cette petite

---

[1] Cette chrétienté a été formée par les ministres anglicans
qui, sous Radama, ont habité Tananarive, pendant vingt-cinq
ans. Les fidèles qui la composent n'ont aucune prévention
contre la religion catholique; ils n'ont besoin, pour devenir
de fervents néophytes, que d'être instruits complétement.

5

ambassade, composée de six personnes, était issu
d'une famille distinguée et portant le titre de
duc.

Ces hommes durent triompher d'obstacles
nombreux et les souffrances qu'ils endurèrent,
avant de parvenir au terme de leur voyage,
montrent assez leur courage. Ils subirent pendant plusieurs jours les inexprimables angoisses
de la soif, sous un soleil dont les ardeurs s'élèvent jusqu'à 48 et 50 degrés ; ils se virent, en
plusieurs rencontres, sur le point de succomber,
mais leur dévouement et la force qu'ils puisaient
constamment dans la prière les soutinrent jusqu'au moment où ils tombèrent entre les mains
des Sakalaves. Leur condamnation à mort suivit
de près leur capture : pourtant, au moment où
la sentence allait être exécutée, il fut décidé
qu'on les vendrait à un navire qui recrutait des
engagés pour Bourbon. Le P. Jouen se trouvait
à Baly. Il s'empressa de racheter deux des Hovas, et expédia en toute hâte à Nossi-Bé, l'ordre
de payer la rançon des trois autres, qu'on venait

d'y conduire, car ils n'étaient plus que cinq :
l'un deux était mort ou avait pris la fuite.

Quelques semaines après, les envoyés de Rakoto étaient à Saint-Denis de la Réunion, libres
et entourés d'affection, ils pouvaient voir de leurs
yeux la religion catholique pratiquée au grand
jour dans un pays civilisé et admirer la majesté
de nos cérémonies.

Pendant cinq mois, on s'occupa sérieusement
de les initier à la connaissance du catholicisme,
et, lorsqu'ils eurent donné des gages véritables
de leur constance ainsi que de leur désir d'embrasser la vraie foi, on leur conféra le baptême
sous condition, ils furent admis à faire leur première communion et reçurent le sacrement de
confirmation.

Bientôt ils se rembarquaient pour la Grande-
Terre, pleins de joie et de reconnaissance. Comment pénétrèrent-ils de nouveau sans encombre
à Tananarive ? C'est le secret de celui qui proté-
geait leurs pas depuis leur départ d'Émirne.
Toujours est-il qu'un soir le cœur de Rakoto se

remplit d'une vive émotion ; ses ambassadeurs qu'il avait cru perdus étaient de retour. Ils avaient accompli leur mission, ils avaient bien des choses à raconter.

Le 31 octobre 1855, un de nos amis écrivait de Tananarive : « Quelle joie j'ai éprouvée hier au soir ! Le prince est venu nous annoncer le retour de ses envoyés. Nous étions si inquiets sur leur compte ! Deux d'entre eux ont été appelés immédiatement et ont fait le récit de leur voyage. Rakoto les a écoutés avec le plus grand intérêt. Près d'une heure et demie de récit n'a point suffi pour satisfaire à tout ce qu'il voulait apprendre. Le prince pleurait de joie et s'écriait avec animation : « Dieu est pour nous ! » Quelques heures après, il y a eu réunion des cinq voyageurs chez M. Laborde. Rakoto n'avait amené que nos amis de la famille de Rahaïo. La conversation a roulé de nouveau sur le voyage dans l'ouest, sur les missionnaires. Nos Howas ont redit toutes les paroles du P. Jouen et raconté l'accueil qu'ils avaient reçu chez M. Desbassyns

et chez M. de Villèle. Le prince les a interrogés
sur le catholicisme et sur le protestantisme. Cet
entretien a duré jusqu'au matin. Lorsque les
voyageurs ont parlé de la réputation de Rakoto
hors de Madagascar et ont transmis les souhaits
des représentants de la cause catholique à Bourbon, le prince, visiblement ému, nous a dit :
« Dieu bénit jusqu'à présent mes entreprises
pour le bien de ce peuple ; c'est un gage de
succès pour l'accomplissement de ce qui reste à
faire. Puis on a porté des toasts à l'heureuse
réussite de la mission de M. Lambert, à la prospérité de la France. Le prince a ajouté en me
prenant la main : « Ce que mes amis de la Réunion me demandent est déjà fait, vous le savez,
les prisonniers français sont libres ! Nous
sommes quittes, n'est-il pas vrai ? cinq Français
d'un côté, cinq Malgaches de l'autre ! »

VII

RAKOTO ARRACHE A LA MORT M. SAUTRÉ.

Le 22 novembre de la même année une triste
nouvelle vint jeter la consternation parmi nos
amis résidant à Tananarive. Malheureusement
il était impossible de douter de la vérité des
bruits qui circulaient. M. Darvoy et un autre
blanc venaient d'être tués sur un point de la
côte nord-ouest, où ils avaient établi une exploi-
tation de bois et un entrepôt de houille. Le général qui avait dirigé la prise du poste Vavatoby
écrivait lui-même à la reine pour rendre compte
de ces faits; il annonçait que quelques Européens étaient parvenus à s'échapper, que parmi
les prisonniers se trouvaient quatre-vingt-dix-

sept Mozambiques, des Sakalaves et un Français.
L'attaque ou plutôt le pillage avait été organisé
à la suite de la trahison d'un Arabe qui, chargé
de porter à Vavatoby une sommation, avait dé-
naturé les réponses destinées au commandant
hova.

Il y avait eu pourtant de la part de M. Darvoy,
il faut bien l'avouer, imprudence et obstination
inopportune. M. Lambert, ayant promis à la
reine l'évacuation de Morontsanga, avait fait dire
à son agent qu'on ne pouvait sans danger continuer à occuper cette position. Ce qui compli-
quait encore cet événement regrettable que les
ennemis de la France s'efforçaient d'interpréter
dans un sens défavorable à la loyauté de M. Lambert, bien que celui-ci eût expédié des ordres à
ce sujet, et traité de cette affaire avec le gouverneur de Bourbon, c'est que toutes les démarches
pour arracher à la mort le prisonnier français
n'avaient pu réussir; on avait eu vainement re-
cours à l'argent.

M. O'Neil s'était rendu en toute hâte à Morontsanga pour tâcher de racheter le captif, mais il avait été éconduit. Cinq canons, soixante-cinq fusils, huit barils de poudre et quelques objets européens de menue valeur étaient les trophées de la victoire, et déjà de la capitale partaient des courriers dans toutes les directions pour avertir que les postes hovas établis sur la côte se missent en devoir d'attirer par ruse les étrangers afin de les enlever.

On le voit, les événements étaient graves ; un malentendu, un atermoiement de quelques jours de la part de M. Darvoy avaient eu ces consé- quences désastreuses. Les jours en se succédant, ne calmaient point l'irritation de la reine que le parti anti-français entretenait avec soin. Rana- valo s'en prenait et à M. Laborde et à M. Lam- bert. Dans le conseil, elle déclamait contre ceux qui avaient, disait-elle, éludé ses ordres formels; elle comprenait bien pourquoi on avait fait ajourner l'envoi de l'officier qu'elle voulait char- ger de presser la solution de cette affaire. C'était afin de la tromper...

Rakoto ne se dissimulait pas les difficultés qu'on aurait à adoucir les rigueurs de Ranavalo envers le prisonnier, mais habitué à réussir dans ces délicates négociations, il ne perdait point tout espoir. Il affectait un grand calme, et pour faire diversion aux nouvelles de la côte, il occupait l'attention le plus possible en parlant d'un secret dont on pourrait tirer parti. Un Français, demeurant chez M. Laborde depuis peu de temps, avait promis de fabriquer de la poudre à canon bien supérieure à celle employée jusque-là. Restait à savoir si les produits du pays permettraient d'obtenir de bons résultats. — Cette question chimique ne pouvait être amenée plus à propos. Elle laissait le temps de combiner un plan. Déjà on s'était entendu avec le commandant hova pour le disposer, au moyen de quelques cadeaux, en faveur de M. Sautré. Le prince prétendait le sauver de l'esclavage aussi bien que de la mort, et des secours lui avaient été portés par des hommes sûrs.

Le jour de Noël, Rakoto, afin de ne laisser

paraître aucune préoccupation, voulut célébrer
la fête avec les *priants;* il réunit donc au château de Radama des officiers qui n'assistaient
point d'ordinaire à ces assemblées. On venait de
lire, peu auparavant, une défense de la reine
« faite à perpétuité, et devant avoir force de loi
» dans les siècles les plus reculés, défense, sous
» les peines les plus sévères, d'embrasser la reli-
» gion des étrangers, de lire la Bible, de se faire
» baptiser, de faire les soupers du Seigneur, en
» mangeant le pain et en buvant le vin. Ordre
» à tous était donné de s'en tenir aux coutumes
» des ancêtres. » Cette proclamation était lue
publiquement tous les quinze jours aux troupes
après l'exercice.

A la même heure, dans une modeste cabane
d'un faubourg de Tananarive, un missionnaire
catholique célébrait aussi la solennité de cette
nuit bénie. Il offrit le saint sacrifice de la messe
pour la conversion de ce peuple et pour la délivrance du prisonnier. Au moment où il descendait de l'autel, Rakoto amenait lui-même à ses

amis, dans le plus grand silence, le chef de
l'expédition et M. Sautré. Ce pauvre marin
croyait que c'en était fait de lui. « Je vois, disait-
il, que vous me donnez des espérances que vous
ne partagez pas. » Il fallut du temps pour le convaincre de la vérité. Le prince se montra plein
de véritable sympathie.

Le lendemain, le corps expéditionnaire rentrait à la capitale. Ces trois mille hommes qui
avaient à peine combattu étaient fêtés comme
des héros. Les salves d'artillerie et de mousqueterie n'étaient pas épargnées. Le prince ne perdait point de temps au milieu de ces enthou-
siasmes de commande; il conduisait avec
M. Laborde les négociations relatives à la mise
en liberté de M Sautré.

Le 31, l'affaire était terminée, le prisonnier
était libre. Il partait pour Mazangaïe. Rakoto
avait encore usé de son influence pour sauver un
Français.

VIII

LES MISSIONNAIRES CATHOLIQUES A TANANARIVE.

Le retour des cinq ambassadeurs de Rakoto ne tarda pas à être connu parmi les chrétiens de la province d'Emirne ; il ne s'agissait plus que de faire venir les apôtres après lesquels ils soupiraient. La Providence ménagea une circonstance favorable pour mener à son terme cette entreprise.

Un riche négociant de Maurice, M. Lambert, venait de rendre à la reine un service important ; pour toute récompense il sollicita la faveur de faire un voyage à la capitale. Les missionnaires établis à la Réunion le prièrent de permettre qu'un d'entre eux l'accompagnât en

qualité de secrétaire : sous ce titre, un prêtre
de la Compagnie de Jésus pénétra dans la ville
des *Mille villages*. M. Laborde, cet ami si dévoué
à la cause catholique et française, se montra en
cette occasion ce qu'il a toujours su être, homme
d'intelligence et de cœur. Le missionnaire put
constater que tout ce qu'on avait publié de Rakoto était au-dessous de la vérité. Ce prince lui
fit l'accueil le plus affectueux, il ne voulait plus
quitter celui qu'il aimait tant à consulter sur le
bonheur de son peuple. Le jour et la nuit, il
voulait l'interroger sur la France, lui dire tous
ses projets de civilisation et d'affranchissement.

C'était quelque chose sans doute d'être arrivé
jusqu'au centre de l'empire hova, mais l'essen-
tiel était de s'y maintenir, et de sérieux obstacles s'opposaient à la réalisation d'un sembla-
ble projet. Fidèle à son système de politique
défiante, la reine ne faisait de concessions que
dans les limites fort restreintes. Pour tout Euro-
péen, les heures de résidence dans l'intérieur
étaient comptées, le temps accordé une fois ex-

piré, il fallait reprendre le chemin du littoral.

Nos amis, secondés par Rakoto, obtinrent une prolongation de séjour pour le missionnaire qui, grâce à son titre de savant, put rester au delà du terme fixé d'abord, et bientôt il eut la consolation de voir arriver deux de ses frères.

Rainimanonja, frère du premier ministre, était tourmenté depuis plusieurs années d'une infirmité grave. Un chancre lui rongeait le visage. Cette maladie l'empêchant de paraître à la cour, il se voyait sur le point d'être obligé de résilier une charge importante.

Depuis longtemps on cherchait un opérateur habile qui consentît à prendre le chemin de la capitale d'Emirne, mais personne n'osait ou ne voulait tenter une cure si délicate ; l'humeur peu débonnaire de Ranavalo motivait assez cette répugnance.

Le R. P. Jouen, saisissant la portée d'un service rendu dans ces conjonctures, se mit à la recherche d'un médecin habile. Il ne tarda pas à en rencontrer un qui réunissait toutes les qualités désirables. M. Milhet-Fontarabie était adroit, prudent, formé à une grande école et ne se montrait nullement effrayé par une excursion aventureuse. A toutes ces qualités, il en ajoutait une autre plus précieuse, un dévouement réel à la cause de la France et à l'avenir de cette mission.

Tout fut bientôt disposé, deux missionnaires lui devaient être adjoints, l'un comme médecin consultant, l'autre comme aide-chirurgien. Le jour du départ fut fixé au 17 septembre 1856.

La nouvelle de l'arrivée prochaine des docteurs fut transmise immédiatement à la reine qui expédia sans retard des ordres au gouverneur de Tamatave pour qu'il eût à laisser les Européens se mettre en route et à les traiter avec tous les égards dus à leur science. En même temps, deux généraux hovas furent envoyés au-devant d'eux pour les escorter ; ils avaient mission de veiller à ce que rien ne manquât le long du chemin à ceux qu'on attendait à la cour. Tout devait leur être procuré : des palanquins, des porteurs, des vivres. Le trajet du port à Emirne dura onze jours ; ce fut une vraie marche triomphale.

Les chefs de villages venaient complimenter ces hommes honorés de la confiance royale. La reine était censée défrayer les étrangers, mais en réalité, les populations étaient chargées de ce soin. Nous ne redirons point les réjouissances qui fêtèrent l'entrée des médecins à Tananarive. Plus de cent mille indigènes se pressaient de chaque côté du cortége. Les officiers avaient revêtu leurs plus riches costumes ; les bals, les concerts, les banquets se succédèrent durant plusieurs jours sans interruption. La reine était heureuse, tout le peuple avait ordre de se réjouir.

L'opération chirurgicale pour laquelle le médecin français avait été mandé réussit au delà des espérances de tous. M. Milhet mit le comble à sa réputation par plusieurs guérisons importantes ; le reflet de sa gloire rejaillissait, du moins en partie, sur ses compagnons. Les princes, les ministres, les principaux chefs les avaient pris en grande affection et Rainijoary lui-même, bien que peu enthousiaste et peu favorable aux Européens, ne se faisait pas faute de témoigner sa reconnaissance.

Lorsqu'il fut question de déterminer les honoraires du docteur français, il y eut bien quelques difficultés de détails, mais pourtant on finit par tout régler à l'amiable et la reine, s'exécutant bravement, poussa la générosité jusqu'à faire aux aides de l'opérateur quelques légers cadeaux, à titre de gratification.

Toutefois ce n'étaient ni piastres, ni présents que les missionnaires étaient venus chercher si loin; ce qu'ils ne cessaient de demander à Dieu dans leurs prières, c'était la faculté, du moins pour l'un d'entre eux, de demeurer au milieu des chrétiens de la province, afin de veiller au salut de leurs âmes.

Or, voici comment, Dieu aidant, ils parvinrent à la réalisation de ce désir intime.

L'opération avait été faite habilement, mais

après le départ des médecins un accident pouvait survenir. La plaie à peine cicatrisée pouvait se rouvrir. Si un pareil malheur arrivait, qui pourrait y remédier ?

Cette observation fut présentée au premier ministre par un de ses amis ; Rainijoary en fut vivement frappé. Il aimait tendrement son frère, et il tenait à le voir guéri sans retour. Il va donc aussitôt trouver la reine et lui fait part des craintes qu'on vient de lui communiquer. — « C'est vrai, dit Ranavalo, il faut à tout prix obtenir qu'un des docteurs nous reste. »

L'aide-chirurgien était prêt à se dévouer. A l'expression d'un désir on joignit bientôt un ordre et M. Milhet partit, en disant à sa Majesté : « Qu'il avait reçu un trop bon accueil pour pouvoir rien refuser ; qu'il consentait à laisser un de ses aides jusqu'à ce qu'il revînt lui-même voir ses malades et saluer de nouveau la souveraine de Madagascar. »

C'est ainsi que, grâce à celui qui tient dans sa main tous les cœurs et les incline comme il veut, les missionnaires obtinrent ce qu'ils étaient venus chercher dans ce long et laborieux voyage.

Le prêtre que la Compagnie de Jésus avait envoyé au secours des chrétiens d'Ankova trouva dans le prince Rakoto un généreux appui. « Prince, lui disait-il un jour, vous avez dans cette ville une foule de malades, pauvres, délaissés, hors d'état de se soigner eux-mêmes et périssant faute de secours. Pourquoi ne feriez-vous pas comme en Europe, vous dont le cœur est si compatissant, si empressé à soulager toutes les misères. Dans nos villes de France, il y a de grandes cases qu'on appelle des hôpitaux ; là, on recueille les vieillards, les infirmes, les indigents, tous ceux qui sont sans ressources. A chacune de ces cases sont attachées des personnes dévouées qui se consacrent à panser et à servir ceux qu'on y admet. »

Lui montrant alors un tableau représentant une sœur de charité, il ajouta : « Parlez de cela à la reine votre mère, obtenez d'elle qu'elle fasse construire une de ces cases; moi je me charge de vous procurer des sœurs et un médecin. » Rakotond' Radama fut vivement touché de ces paroles. Il entretint la reine de ce projet et bientôt l'autorisation de faire élever un hôpital fut accordée. De si belles espérances furent tout à coup ruinées, des complications fâcheuses vinrent réveiller les haines de Ranavalo contre les chrétiens et leur susciter une des plus violentes persécutions qu'ils eussent encore essuyées.

IX

RETOUR DE M. LAMBERT A ÉMIRNE.

M. Lambert, ami éprouvé de Rakoto et frère par le cœur de M. Laborde, avait vu de trop près les malheurs du peuple de Madagascar, pour ne pas comprendre qu'il fallait tout tenter

afin de mettre un terme aux sanglantes proscriptions des hommes qui gouvernaient sous le nom
de Ranavalo. N'écoutant que son dévouement il
avait accepté une mission délicate. Après avoir
promis au prince de faire cesser à tout prix un
si persévérant outrage aux lois de l'humanité,
il était parti pour l'Europe, comptant pour peu
de chose ses intérêts financiers gravement com-
promis par une absence prolongée et les brèches
profondes qu'il faisait à sa fortune en subvenant
aux exigences d'une mission quasi-officielle. Il
n'avait point de regrets pourtant; c'est que
M. Lambert n'est pas un négociant dans l'ac-
ception ordinaire du terme. L'argent pour lui
est un moyen et non un but. M. Laborde et lui
étaient dignes de se connaître ; ils devaient naturellement s'estimer et s'aimer; tous deux ils
ne mesurent point le dévouement. Le premier
avait consacré sa vie à l'œuvre de la régénéra-
tion madécasse, le second sacrifiait sa fortune à
la même cause, et ces deux amis également
appréciés par Rakoto présentaient un exemple

bien rare en ce monde; placés dans la même sphère d'action, investis de la même confiance, ils n'étaient rivaux que sur un seul terrain, celui de la plus généreuse spontanéité pour les grandes choses.

L'année qui s'écoula pendant l'absence de M. Lambert fut pénible pour nos amis de Tananarive. L'arrivée d'un blanc dans cette capitale avait rendu difficile la position des Européens. Il se disait chargé d'une mission diplomatique de la part de lord Clarendon et, bien qu'il ne pût justifier de son mandat par aucune lettre de créance, ceux qui étaient jaloux de l'influence française saisissaient le parti qu'ils pouvaient tirer de cette cause d'inquiétude. Rainijoary, comprenant que tout ce qu'on tenterait contre les amis de Rakoto, serait pour l'influence de celui-ci un échec véritable, faisait courir des bruits de guerre, de concert avec des hommes qui se cachaient pour agir plus sûrement dans l'ombre. A la fin de juillet 1856, des lettres, sollicitées sans doute par ceux qui avaient in-

térêt à provoquer de l'agitation, arrivaient à
Emirne; elles racontaient les rumeurs qui circulaient à Morontsanga et à Mazangaïe. Les
gouverneurs de ces deux postes avertissaient la
reine que, d'après les renseignements fournis
par des Arabes, M. Lambert, chargé de venger
la mort de M. Darvoy, avait débarqué quatre
cents Mozambiques; qu'il s'occupait de réunir
en outre dix mille hommes pour s'emparer de
Tamatave, de Foulepointe et de Mazangaïe, afin
de se diriger sur Tananarive. M. Laborde s'ef-
forçait en vain de détruire ces fâcheuses préoccupations sans fondement. Mais rien n'est mal-
aisé comme de combattre des insinuations dont
les auteurs ne se nomment pas.

Une épreuve bien sensible vint encore décourager, ou du moins attrister profondément nos
amis. Le 27 juin, M. de Lastelle était mort;
ceux qui l'avaient vu à l'œuvre et avaient pu
juger cet homme de près comprenaient qu'ils
venaient de perdre un appui sérieux. La reconnaissance et l'estime sincère qu'ils avaient vouées

à ce généreux défenseur de la cause catholique
et française nous semblent avoir un peu plus
de poids dans l'appréciation impartiale de son
caractère que les mesquines déclamations de
quelques esprits prévenus ou de quelques concur-
rents jaloux. Que des gens intéressés à lui nuire,
parce qu'ils le rencontraient sur leur chemin,
aient cherché à le représenter comme un intri-
gant, peu nous importe. Pour qui connaît la
vie de ce monde, ce n'est point un fait sans
précédent.

Des lettres d'un poste hova nommé Amberobe,
situé près de Baly, ayant annoncé qu'on y avait
vu des blancs occupés à instruire les Sakalaves,
(il s'agissait des missionnaires catholiques dont
nous avons parlé plus haut), Ranavalo envoie
l'ordre de les faire assassiner. Au moment où
ce message de mort partait pour la côte, Rakoto
écrivait au gouverneur que ce n'était point l'u-
sage de ses ancêtres de se défaire des blancs par
trahison, qu'il les fît avertir secrètement de
l'ordre de sa mère; en même temps, il donnait

avis aux missionnaires eux-mêmes du danger qu'ils couraient et faisait prier le commandant de la station navale de secourir les Pères de Baly, attendu qu'une expédition de quinze cents Hovas venait d'être dirigée sur ce point. Nous dirons ailleurs quel fut le dénoûment de ces tentatives.

Rien n'est mobile comme les impressions de la foule. Naguère, on accueillait sans les discuter les bruits les plus injurieux contre M. Lambert et maintenant l'annonce de son retour était pour tous un sujet d'espérances. Certes, il était bien temps qu'il arrivât; depuis plus six semaines, la capitale ne présentait que proscriptions et spectacles attristants. Douze cent trente-sept personnes venaient d'être condamnées aux fers à perpétuité; des femmes, des enfants avaient été réduits en esclavage; quatre-vingts sentences de mort avaient été exécutées en quelques jours. M. Lambert avait informé de son débarquement, aussi les ordres les plus multipliés devaient faciliter son arrivée à Emirne. On

6

savait qu'il apportait des présents magnifiques. A son départ on lui avait livré deux cents bœufs, afin qu'il achetât des curiosités européennes, mais on avait appris que sa libéralité avait dépassé de beaucoup le chiffre du crédit. Sur la route, c'était à qui le fêterait ; partout on répétait avec enthousiasme : « Ce n'est point un voyageur ordinaire, c'est l'ami de Rakoto qui l'a chargé d'une mission de confiance. C'est le défenseur du peuple malgache, il travaille à le sauver de l'oppression. »

Nous ne nous arrêterons point à raconter cette série d'ovations. Madame Ida Pfeiffer, la célèbre touriste allemande, a rendu compte de la joie dont elle fut témoin dans ce parcours de quatre-vingts lieues.

Mais à l'entrée de la province d'Emirne, le triomphe de notre ami dépassa tout ce qu'on avait vu jusque-là. Le prince avait envoyé à Ambatomanga ses Ména-Maso avec son fils John adopté par M. Lambert ; deux troupes de musique militaire et un chœur de chanteuses, pour

recevoir dignement celui qu'on attendait avec
une si vive impatience. Un prince de la famille
royale avait mis son château à la disposition du
voyageur.

Bientôt la cour se porta à la rencontre du cortége. La réunion commença par un *Kabare* solennel et des discours de circonstance, mais,
après avoir satisfait aux exigences des usages
officiels, on s'affranchit d'une contrainte qui
gênait les élans des cœurs; on se donna des
accolades et des poignées de main chaleureuses
dont l'expression valait tous les discours.

Contrairement au cérémonial obligatoire d'ordinaire, la reine avait accordé la permission
d'entrer à Tananarive sans avoir préalablement
campé en dehors des faubourgs. Cette condescendance donne la mesure de l'impatience où
l'on était de voir et d'entendre M. Lambert.

L'affluence était telle que le cortège ne pouvait
avancer que lentement. Bien des commentaires
avaient lieu dans la foule, à propos de cette entrée triomphale.

Le prince était de tous le plus impatient. Il fallut de sérieuses représentations pour obtenir qu'il modérât son désir et fît à sa dignité le sacrifice de ne point courir à Ambatomanga. Mais il sut bien s'en dédommager à l'entrée de M. Lambert dans la capitale. Ces deux amis tombèrent dans les bras l'un de l'autre. C'était un touchant spectacle que cette affection si spontanément exprimée ; madame Pfeiffer en fut touchée jusqu'aux larmes et ne put s'empêcher de dire ouvertement : « Voici un éloquent démenti aux déclamations haineuses de certains résidants de Maurice. »

Rakoto n'était pas le seul à accueillir par les démonstrations de la plus cordiale affection, l'ami qui revenait. La reine elle-même, Ramboasalama, toute la famille du commandant en chef, Rainijoary, les principaux officiers multipliaient leurs attentions et leurs prévenances. A l'exemple des grands du royaume, le peuple s'empressait de témoigner sa joie en apportant des bœufs, des moutons, des poules, du riz. Ces

présents d'hospitalité étaient offerts de trop bon
cœur pour qu'on pût les refuser ; après les avoir
acceptés, on les distribuait aux gens venus des
campagnes voisines.

Les cadeaux destinés à la reine par M. Lambert représentaient une valeur considérable. Il
avait su réunir les objets les plus capables de
frapper et d'intéresser la cour d'Emirne. Il serait trop long d'énumérer ici tout ce que renfermait cette riche collection où l'on admirait, entre autres choses, des bronzes de prix ; un piano
mécanique ; un harmonium ; plusieurs horloges
avec des oiseaux voltigeants et chantants ; des
étoffes de luxe ; des tapis ; des robes pour les
princesses ; des uniformes d'officiers ; des selles ;
des armes ; des télégraphes électriques ; des ma-
chines à coudre ; dix chevaux et trois cha-
meaux.

M. Lambert fut invité par la reine à plusieurs
fêtes données en son honneur, mais ces démonstrations durent moins le toucher que les preuves
d'affectueuse tendresse, dont il fut entouré par

le prince durant les jours qui suivirent. A peine avait-il fait la remise des présents qu'il tomba dangereusement malade d'un accès pernicieux de fièvre paludéenne. Rakoto ne le quittait guère ; il voulait être près de lui nuit et jour et s'il était forcé de s'éloigner quelques instants, on devait le tenir au courant de l'état du malade.

La reine elle-même envoyait tous les jours savoir de ses nouvelles.

L'accueil que M. Lambert avait trouvé à l'arrivée, la sollicitude dont il se sentait l'objet pendant l'épreuve de la souffrance, étaient bien faits pour lui faire oublier les remontrances d'une application si facile contenues dans la proclamation publiée à Maurice, le 24 septembre 1856, par S. E. James Macaulay Higginson.

X

TROUBLES DE JUIN 1857

En commençant le récit des événements qui suivirent de près, nous déclarons vouloir laisser à chacun sa part de responsabilité. Bien que nous ne puissions songer à mettre en lumière certains faits caractéristiques, l'exposé fidèle de la situation présente un aperçu général dont la signification n'échappera à personne.

Monsieur Ellis venait de repartir pour l'Angleterre ; il n'avait pas vu sans inquiétude l'influence française s'accroître chaque jour, grâce à M. Lambert et à M. Laborde. La présence des missionnaires catholiques à Tananarive était pour lui une préoccupation grave ; la cause de la France et celle du Catholicisme étaient intimement unies, il le savait bien, dans la pensée des hommes qui se dévouaient à l'avenir du peuple madécasse.

Quels conseils furent alors donnés aux religionnaires protestants? Quelle main dirigea le mouvement? L'indignation causée par les rigueurs des mois précédents combla-t elle seule la mesure, ou bien fit-on entrevoir aux mécontents la possibilité de renverser les ministres et de forcer la reine à abdiquer ?-

Des correspondances échangées à cette époque par les *priants* d'Emirne avec un ministre méthodiste, venu de Maurice à Tamatave, pourraient au besoin jeter un certain jour sur les faits que nous rapportons.

L'attitude du prince, dans cette circonstance difficile, était pleine de réserve et de dignité ; il consentait à voir écarter Rainijoary, mais il mettait comme condition première à l'approbation de ce projet que pas une goutte de sang ne serait versée pour l'exécuter.

Les *religionnaires* donnent leur parole d'éviter

toute scène de barbarie. Ils combinent un plan
entre eux. Mais au moment d'agir, ils découvrent
que leur tentative n'aboutirait qu'à établir le
catholicisme à Tananarive ; qu'ils vont travailler
à assurer l'influence française. Ils s'arrêtent
pour se consulter de nouveau et perdent, en
étranges hésitations, un temps précieux. Enfin,
le 29 juin au soir, celui des priants qui avaient
inspiré à M. Ellis et au R. M. le Brun le plus de
confiance, puisqu'il s'était fait conférer par eux le
titre de ministre méthodiste, se présente à Rainijoary et dénonce ses compagnons, ses ouailles :
il les accuse de prier, de baptiser, de prêcher. Il
ajoute qu'ils veulent établir une république et
affranchir les esclaves ; il complète sa déposi-
tion en affirmant que les blancs sont à la tête de
ces menées ; que Rainijoary sera la première victime du complot ; que sa tête a été mise à prix.

Pendant ce temps, les missionnaires catholiques, qu'on a représentés comme affiliés à cette
tentative, résidaient à Soatsimanampiovana ;
non-seulement ils n'entraient point dans le mou-

vement, mais afin de demeurer complétement
étrangers à ces agitations, ils avaient été chercher à huit lieues de la ville des malades à soigner.

Le rôle que M. Laborde et M. Lambert s'étaient
réservé, montre que bien loin de prêter la main
à la révolution, ils en redoutaient le contre-
coup; ils se bornaient, avec l'aide de quelques
amis, à veiller à la sûreté de Rakoto, dont ils
craignaient que les jours ne vinssent à être me-
nacés, dans ces moments de trouble.

Le prince avait refusé de prendre dans ces
événements aucune part active. Il voyait bien
toutefois qu'il ne pourrait enrayer le mouvement.
Que la reine fût forcée de mettre de côté le vieux
ministre, objet de haine universelle pour ses
cruautés et sa tyrannie, à la bonne heure. Si les
circonstances devenaient assez graves pour amener une abdication de Ranavalo, il ne voulait pas
faire défaut à l'attente du peuple, mais tous savaient bien que lui demander quelque chose de
plus, c'était aller au-devant d'un refus.

Il résulte de cet exposé des faits que ceux qui n'ont pas craint d'accuser M. Laborde, M. Lambert, leur entourage et les Pères de la Compagnie de Jésus, d'avoir tout préparé pour substituer une république au gouvernement de la reine, ou bien n'ont rien su de ce se passait, ou bien ont faussé sciemment la vérité.

Une république comme concrétant les espérances de ceux qui gémissaient en présence de l'oppression ; une république au milieu de cette société dans laquelle le pouvoir a toujours eu la forme la plus absolue ! Non, jamais une telle combinaison n'a été rêvée par les amis du prince. Nous allons plus loin : nous ne craignons pas d'affirmer que cette allégation ne fut pas mise en avant par des Hovas. Le terme même de « République » était d'ailleurs aussi ignoré à Tananarive que les institutions qu'il résume. Les idées de liberté ou de représentation nationale étaient et sont encore complétement inconnues dans ce milieu si bien séparé de l'Europe. Rakoto, l'idole du peuple, n'avait point à réagir

contre de pareilles tendances ; le seul danger
qui le menaçât était qu'on ne voulût l'investir
prématurément du pouvoir souverain.

Et puis ce serait aussi par trop absurde d'ad-
mettre que MM. Laborde et Lambert sapaient
eux-mêmes l'œuvre de toute leur vie, en cons-
pirant contre le prince après s'être depuis si
longtemps dévoués à sa cause, aussi bien qu'à
sa personne. Qui donc, demandera-t-on, avait
mis en circulation des termes sans signification
objective ? Qui donc faisait répéter au chef des
priants une leçon apprise par cœur et récitée
sans que le sens réel en fût saisi par lui ?

Nous ne sommes pas obligés de le dire. Ce
que nous voulons seulement faire remarquer,
c'est que de telles affirmations ne sont point sor-
ties de la bouche du Hova, qu'on avait rendu
traître à la cause de ses compatriotes, sans
qu'une intelligence étrangère se fût chargée de
formuler l'inculpation.

Cet homme se fit calomniateur, mais ce n'est
pas à lui seul qu'il faut demander compte d'a-

voir menti. Quels que soient ceux qui dictèrent
sa conduite, ils oublièrent que la calomnie, pour
obtenir une créance durable, doit éviter de se
mettre trop à l'aise, et respecter tout au moins
les notions élémentaires de la vraisemblance.

Un des principaux religionnaires ayant été
arrêté, on trouva sur lui une lettre du R. M. Lebrun, dans laquelle ce missionnaire protestant
encourageait les *priants* à persévérer dans leur
dessein, en leur promettant toute espèce de secours. Ce fut le dernier coup porté aux blancs.
A l'aide de cette pièce, Rainijoary était en mesure de persuader, à la reine, que tous les Européens d'Emirne s'entendaient avec les chrétiens, dans les vues d'une politique qui dépassait
les limites de l'opposition.

Ordre est immédiatement donné de soumettre
à la torture un certain nombre de personnes sus-
pectes pour les forcer à dénoncer leurs complices.
Une femme fut sciée en deux; on voulait lui faire
avouer la retraite de son mari. Elle mourut
sans faire d'aveux. Emprisonner les blancs ou

les mettre à la question, parut une mesure trop grave. On se rejeta sur l'épreuve du Tanguen, mais on n'osa pas le leur administrer comme on le fait aux sujets de Sa Majesté. On choisit des poules qui devaient représenter les accusés. Toutefois Rainimonja, frère de Rainijoary, se souvenant, en cet instant, de ce qu'il devait de reconnaissance à l'aide de M. Milhet-Fontarabie fit recommander aux magistrats de sauver le missionnaire catholique demeuré à Tananarive, comme élève du médecin français.

C'était prendre la reine par son faible, que de faire intervenir la superstition en cette affaire. Toutes les raisons possibles n'avaient plus de valeur en présence de cette épreuve définitive. Le crime de haute trahison fut bientôt prouvé par l'action du poison sur les poules; les Européens, à une seule exception près, celle que nous venons de dire, furent condamnés à mort et l'on prenait jour déjà pour les faire exécuter. Mais quelques voix s'élevèrent dans le conseil royal pour protester contre une mesure aussi grave. M. Lam-

bert était agent diplomatique de la France ; c'était
s'attirer, de la part de cette puissance, de sérieuses difficultés. Il fallut donc se contenter d'exi-
ler ceux qu'on n'osait faire mourir.

La reine fit rendre à M. Lambert les présents
qu'il avait offerts. Ce qui détermina à ce sacrifice, c'est qu'il avait été question de concessions
de terrains, et l'on redoutait que plus tard les
cadeaux pussent être considérés comme un titre
dont la France saurait se prévaloir. Néanmoins,
s'ils furent rendus d'une main, ils furent repris
de l'autre.

Enfin, le 7 juillet, vers midi, les juges criminels, accompagnés de quelques personnes du
peuple, se rendent chez M. Laborde, convoquent
tous les blancs et leur disent : « Vous avez réuni
quatre fois les priants ; vous avez voulu établir la
république, affranchir les esclaves, proclamer
l'égalité de tous, sans distinction de nobles et de
roturiers. Nous vous chassons du pays dont Ranavalo est la gracieuse maîtresse. Ce n'est point
la reine qui vous renvoie, ce ne sont point les

grands, ce n'est point l'armée ; c'est nous le peuple, les juges du peuple qui vous chassons. »

Singulière idée, il faut en convenir, que celle de constituer pour la première fois le peuple en comices pour lui faire déclarer qu'il repousse la république ! Accuser M. Laborde, M. Lambert et les missionnaires catholiques d'avoir voulu instituer la démocratie au milieu d'un peuple qui n'avait jamais soupçonné d'autre forme de gouvernement que celui de ses Aandrianas (la famille de ses rois), c'était du ridicule, on l'avouera ; mais compter au nombre des conspirateurs madame Ida Pfeiffer, voyageuse inoffensive, arrivée depuis quelques jours seulement, c'était plus que du ridicule, et ceux, ou celui qui avaient monté ce coup de théâtre, ne pouvaient se le dissimuler.

Quant à cette autre parole jetée au peuple malgache, dont la plus grande partie a été réduite en servitude sous le règne de Ranavalo-Mandjaka, « les blancs veulent l'affranchissement des esclaves ; » la faire repousser avec indignation par le peuple, est inouï d'audace.

Il n'est pas besoin de répéter que ni M. Lambert, ni M. Laborde, ni les membres de la Compagnie de Jésus n'avaient jamais parlé de toucher à la monarchie. Ils avaient vu, du reste, en Europe, des républiques à l'œuvre, ils n'avaient donc plus foi dans les promesses de ceux qui en acclament les principes. Ils n'avaient pas non plus traité la question de l'esclavage. Ce qu'ils désiraient uniquement, c'était de voir l'oppression révoltante d'un ministre odieux remplacée par le règne paternel de Rakotond'-Radama ; ils savaient bien que son avénement suffirait pour inaugurer une ère nouvelle ; que dès lors, le peuple cesserait d'être pressuré, et que ce beau pays entrerait réellement dans la voie de la civilisation qu'ils souhaitaient ardemment pour lui.

On leur reprochait d'avoir pris part aux réunions des religionnaires ; la prudence avait fait une loi aux Français de n'y jamais paraître. Indépendamment de cette raison, des motifs plus graves encore, puisqu'ils tenaient au do-

maine de la conscience, avaient interdit aux
missionnaires catholiques d'avoir aucun rapport
avec ces assemblées. Ces deux prêtres, qui n'é-
taient point reconnus pour tels, mais passaient
pour des hommes de science et des artistes,
étaient absents lorsque ces événements avaient
lieu, ils travaillaient de concert au soulagement
des malades et n'avaient rien fait qui pût les
compromettre : mais l'un deux avait été introduit
sous le titre de secrétaire de M. Lambert ; il
était parvenu à se maintenir à Emirne sous divers prétextes ; il ne pouvait donc échapper à la
proscription. Son compagnon seul devait la faveur d'être exclu du verdict de condamnation,
aux soins qu'il avait prodigués à Rainimonja, le
frère du ministre.

Ce tribunal d'un nouveau genre, qui condam-
nait des prévenus sans entendre leur défense,
ne prit pas même la peine de produire aucune
accusation contre deux d'entre eux qu'il enve-
loppa dans la sentence générale. On signifia à
MM. Marius Arnaud et Goudot, fixés depuis lou-

gues années à Madagascar, l'ordre de quitter le pays sans délai, en abandonnant leurs exploitations; après quoi tout fut dit.

M. Laborde n'avait pas le droit de disposer de ce qu'il possédait : ses biens étaient déclarés appartenir à la reine. Tel fut le prix de son dévouement envers le gouvernement Hova : vingt-sept ans de services et de travaux étaient mis entièrement en oubli. Il se voyait tout à coup ruiné, enlevé à ses habitudes, arraché à ses affections. Au reste, on accordait aux proscrits le temps de réunir quelques objets indispensables au voyage. Ils avaient pour vaquer à ces derniers préparatifs, jusqu'au moment où les hommes de corvée seraient rassemblés, un petit nombre d'heures seulement.

A partir de cet instant, les Français furent gardés à vue, et toute communication avec les Hovas leur fut interdite.

Cependant, Rakoto, avec quelques amis, tentait d'intercéder auprès de la reine; voyant qu'il ne pouvait rien obtenir, il s'efforça de séparer au moins la cause de M. Laborde de celle de ses compagnons de disgrâce, en représentant les services passés de cet homme auquel on devait tant. La reine allait céder à des sollicitations si pressantes; Rainijoary par ses menaces domina l'accent de la prière.

XI

L'EXIL

Ce n'est pas ici le lieu de discuter les bruits qu'on fit courir à Maurice et à la Réunion sur la part que Rakoto aurait eue dans ces événements. C'était lui, disait-on, qui avait trahi ses amis; c'était à son instigation que l'on avait dénoncé à la reine le complot des *priants*. De telles accusations tombent d'elles-mêmes et donneraient à penser que ceux qui les répandaient dans le public avaient quelque intérêt à détourner l'attention; qu'ils craignaient de voir peut-être mêler leur nom à ces événements.

Oh! la douleur de Rakoto, lorsqu'on lui enleva ses amis, était sincère. Ses larmes et ses sanglots disaient assez combien son cœur était navré : « Mon Dieu, répétait-il, je n'ai rien pu obtenir! Soyez sur vos gardes, monsieur Lambert, protégez M. Laborde contre ses ennemis. » Et il ajoutait des recommandations précises que nous ne voulons point reproduire; il spécifiait des craintes qu'il ne savait point dissimuler.

Les prisonniers quittèrent Tananarive le 18 juillet, divisés en deux bandes, escortées chacune par cinquante soldats. Le matin même, dix chrétiens avaient péri du supplice de la lapidation sur la place du Marché. Les exilés d'Emirne purent apercevoir, en jetant un coup d'œil d'adieu à la ville, des têtes sanglantes fixées sur des zagaies. On accourait en foule pour voir les Européens, mais personne ne leur prodigua d'insultes; le peuple, qui était censé les repousser, ne les

7.

voyait point partir sans regrets; avec eux s'éloi-
gnait pour lui l'espoir de la délivrance; on savait
qu'ils étaient intimement dévoués à Rakoto, en
qui seul reposait l'espérance de l'affranchissement.

La lettre du R. M. Lebrun à l'un des *priants*
les plus notables, donna lieu à une ordonnance
que Rainijoary fit publier dans la ville à son de
trompe : c'était une défense, sous peine de mort,
à tout sujet Hova, de lire ou d'écrire, à moins
que ce ne fût pour le service du gouvernement.
Pour donner à la promulgation de cet ordre plus
de solennité, on ajouta cet article : « Toutes les
lettres venant de chez les blancs, même celles
qui porteraient l'adresse de la reine, devront être
lues dans la place publique par une commission
nommée pour cela, elles ne seront remises aux
destinataires qu'après cette censure. » Pour tous,
il devenait évident que les chaînes étaient rivées
plus que jamais; dans bien des cœurs, l'espérance avait fait place à un profond abattement.
Seul, le prince, malgré sa douleur, conservait

assez de calme pour songer à l'avenir, sans trembler devant les menaces qu'il renfermait.

Il trouva le moyen de faire remettre cette lettre à M. Lambert.

« Mon cher ami,

» J'éprouve le besoin de vous remercier, vous et M. Laborde, de ce que vous avez fait pour la cause de Madagascar, cause que je regarde comme la mienne, par le désir que j'ai de procurer le bonheur à une nation si maltraitée.

» Votre zèle à tous deux n'a abouti, hélas! qu'à vous faire perdre votre fortune et à vous faire proscrire du pays que vous vouliez sauver. Le résultat malheureux de votre dévouement, qui a été jusqu'à vous faire exposer votre vie, me navre de douleur.

» Je vois, ce que je n'avais pu croire, que la misère des Malgaches augmente chaque jour. Bientôt, de ma pauvre nation, il ne restera plus que quelques débris errants. Ah! cher ami, quelle cruelle déception que la France ne puisse pas nous venir en aide !

» Je vous prie donc et vous supplie de retourner auprès de S. M. l'Empereur, de vous jeter à ses pieds, comme je le ferais moi-même, si je le pouvais et de lui représenter que nous allons périr tous. Dites-lui que ce n'est point mon intérêt personnel qui me fait parler ; assurez-le que l'ambition de régner est bien loin de ma pensée.

» Je proteste ici par écrit, comme je l'ai fait plusieurs fois de vive voix en votre présence, que je suis prêt à renoncer dès à présent à tous mes droits au trône si cette mesure semble nécessaire pour obtenir de la France aide dans notre malheur.

» De grâce, cher ami, ne vous rebutez pas ; souvenez-vous que la destinée de ce peuple est entre vos mains.

» Que Dieu vous aide dans toutes vos démarches.

» RAKOTOND'RADAMA. »

A part quelques appréhensions, causées d'a-
bord par l'appareil militaire dont les proscrits
étaient entourés, ils n'eurent, au début du
voyage, qu'à se louer des soldats auxquels on les
avait confiés. La sympathie de leurs gardes
était due aux ordres secrets de Rakoto.

Pourtant ces ordres n'étaient pas les seuls, à
ce qu'il semble, dont les soldats eussent à tenir
compte, car il fut bientôt évident, pour les voyageurs, que tout un plan de lenteur calculée devait servir la vengeance de la reine. D'ordinaire,
on franchit en quinze jours la distance de
soixante-dix lieues environ qui sépare Emirne
de Tamatave. Cette fois, pour se conformer au
programme de l'itinéraire, le commandant de
l'escorte prolongea ce voyage pendant cin-
quante-cinq grands jours.

On fit camper les prisonniers dans les parties
marécageuses des basses terres, et là ils demeu-
rèrent exposés à l'action pernicieuse des mias-
mes paludéens. Ces exhalaisons malsaines ne
tardèrent pas à leur causer de violents accès de

fièvre. Leurs souffrances, l'épuisement dans lequel ils étaient tombés, leur marasme profond et l'anéantissement auquel ils étaient réduits auraient exigé quelque soulagement, mais aucun adoucissement n'était accordé. On les fit stationner dans une forêt pendant dix-neuf jours; certes, il n'était pas nécessaire de veiller de près à ce qu'ils ne s'évadassent point ; dans l'état de prostration où ils languissaient, ils avaient bien plus besoin d'un médecin que de satellites.

Dix soldats de l'escorte succombèrent à l'action de la fièvre. Enfin on quitta cette forêt remplie de germes délétères. En arrivant à Enaromaro, les deux bandes rencontrèrent M. Milhet-Fontarabie qui portait à Tananarive quelques médicaments. Malgré les demandes réitérées que M. Lambert adressa au commandant, il ne put obtenir d'entretenir un seul instant le docteur français, auquel fut refusée de même la permission de remettre aux malades des fébrifuges.

Cependant la perplexité où se trouvait le gou-

verneur de Tamatave, fit hâter la marche de
nos amis ; il envoya un officier de son état-
major pour amener les prisonniers à marches
forcées. S'ils furent heureux de se voir enfin
tirés des misérables huttes qu'ils occupaient et
de quitter les bois et les marais, ils eurent,
toutefois, beaucoup à souffrir de la rapidité avec
laquelle on les entraînait vers la côte. Ceux-là,
seulement, qui ont ressenti les effets de la fièvre
madécasse, pourront se rendre compte de ce
que le mouvement des palanquins causait de
douloureux ébranlements à ces voyageurs exté-
nués.

Pourquoi tout à coup cet empressement à
achever au plus vite un voyage qui, peu de
jours auparavant, semblait ne pas devoir se terminer ? C'est que tous les navires qui venaient
de Bourbon et de Maurice demandaient avec
instances des nouvelles de M. Lambert, de
M. Laborde et de leurs compagnons. Le commandant du poste hova, à ces questions réitérées, répondait que les Français ne tarderaient

pas à arriver ; qu'ils étaient à peu de distance. Quelques capitaines ne se contentèrent pas de ces explications évasives et donnèrent à entendre que, puisqu'on ne faisait pas droit à leurs réclamations, des navires de guerre viendraient bientôt apporter des sommations dont ils sauraient rendre les termes intelligibles.

Enfin, les proscrits purent s'embarquer pour l'île de la Réunion. A peine eurent-ils quitté la grande terre, les propriétés formant la succession de M. de Lastelle furent réclamées au nom de la reine. Les hommes dont l'influence avait fait ajourner cette œuvre d'injuste spoliation méditée depuis longtemps, n'étaient plus à Madagascar ; on ne redoutait plus leur crédit et le ministre Rainijoary se flattait d'effacer par cette confiscation arbitraire jusqu'au souvenir du nom français sur la Grande Terre.

EXTRAIT DES NOTES

DU R. P. JOUEN

PRÉFET APOSTOLIQUE DE MADAGASCAR

Ceux qui suivent avec intérêt les travaux de notre mission de la Grande-Terre, liront, je n'en doute pas, avec plaisir le récit de mon voyage à la capitale de Madagascar, ainsi que des faits importants qui s'y sont accomplis sous mes yeux durant ces derniers mois.

M. Dupré, commandant la division navale des côtes orientales d'Afrique, ayant été chargé de représenter la France au couronnement de Radama II, voulut bien m'associer à l'honorable députation dont il était le président, faveur dont je lui sais d'autant plus de gré, qu'outre l'avantage d'une ascension gratuite et d'une société de choix, elle m'a valu celle de connaître plus intimement ce digne commandant et d'apprécier tout ce que son noble caractère renferme de droiture et de loyauté.

La frégate *l'Hermione*, qui nous portait, arriva dans les eaux de Tamatave après quarante-huit heures de traversée.

La réception solennelle de l'ambassade française par les autorités de ce port, s'est faite au milieu de salves d'artillerie et a été suivie de fêtes et de banquets où Français et Malgaches, noirs et blancs, ont fraternisé à l'envi.

Le 15 juillet, notre caravane, quittant le port de Tamatave, s'est mise en marche pour Tananarivo où elle a fait son entrée triomphale le 28 juillet. Ce jour-là, à midi, nous pénétrions dans la ville entre deux haies de soldats ; la musique nous précédait ; nous étions escortés des principaux officiers du palais en grande tenue ; quelques-uns étaient à cheval, d'autres en palanquin. Une foule immense, se pressant de chaque côté du chemin, sur les murs, dans les arbres, aux fenêtres et jusque sur les toits, contemplait

avidement ce spectacle pendant que l'écho des
montagnes voisines répétait les vingt et un
coups de canon qui saluaient l'arrivée du plénipotentiaire de S. M. Napoléon III.

La cérémonie du couronnement, annoncée
d'abord pour le 27 juillet, puis renvoyée au 15
août, n'a eu lieu que le 27 septembre.

Au commencement d'août, l'ambassade française ayant été reçue en audience par le roi,
M. le commandant Dupré a exposé le but de sa
mission dans un discours digne de son cœur et
de sa haute intelligence.

Peu de jours après, nous avons été admis à
offrir nos hommages à Leurs Majestés dans le
palais de Miadamafana. Tous les missionnaires,
pères et frères, étaient présents à cette réception
qui, ne pouvant avoir la même solennité, n'en a
été que plus intime et plus cordiale. M. Laborde,
toujours prêt, dès qu'il s'agit d'obliger, avait
voulu nous servir d'introducteur. Le roi et la
reine se sont montrés d'une bienveillance et
d'une grâce parfaites ; j'ai adressé à Leurs Ma-

jestés une petite allocution dont voici à peu près la pensée :

« Sire,

» Ce n'est pas seulement au nom de la mission catholique que je me présente à Votre Majesté, c'est au nom et de la part du Père commun des fidèles, du souverain Pontife Pie IX, successeur de saint Pierre et vicaire de Jésus-Christ sur la terre.

» Dans un bref qu'il a daigné m'adresser de Rome, à la date du 10 mai 1862, le Saint-Père se réjouit avec nous de la liberté pleine et entière que Votre Majesté nous a accordée de prêcher et d'enseigner dans tout son royaume de Madagascar.

» Sa Sainteté me charge de vous témoigner sa paternelle bienveillance.

» Je viens, Sire, m'acquitter de la mission qui m'a été confiée par le Vicaire de Jésus-Christ, et vous dire tous les vœux qu'il forme pour le bonheur de Votre Majesté et celui de vos sujets et pour la réalisation de vos projets en faveur de la civilisation et de la propagation de la foi dans votre pays.

» Maintenant, Sire, comme supérieur des missionnaires catholiques répartis dans votre royaume, dans les îles environnantes de Mayotte, de Nossi-Bé, de Sainte-Marie, je suis heureux de vous dire la reconnaissance dont nos cœurs sont remplis pour Votre Majesté.

» Si aujourd'hui nous circulons librement dans votre capitale en habit ecclésiastique, sans être obligés de nous déguiser sous des vêtements d'emprunt; si chaque jour nous pouvons offrir ostensiblement le saint sacrifice de la Messe ; si la prière publique et les chants religieux reten'issent dans notre église, trop petite déjà pour contenir tous ceux qui s'y pressent, c'est à Votre Majesté que nous en sommes redevables : enfin, si nous possédons au sein de votre capitale un emplacement et une installation convenables, c'est un nouveau bienfait de

Votre Majesté, dont les démarches et les instances personnelles ont su aplanir toutes les difficultés.

» Pour nous, nous n'avons qu'un seul moyen de témoigner notre reconnaissance à Votre Majesté, c'est de travailler de tout notre cœur et de toutes nos forces au bonheur et à l'instruction de ses sujets.

» Déjà vous pouvez voir si nous vous avons trompé ; nous vous avons dit que nous viendrions en nombre pour instruire votre peuple : et nous voici dix dans votre capitale. Quatre missionnaires sont restés à Tamatave, trois sont établis à Mahèla, et trois autres ne tarderont pas à s'installer dans le nord. A mesure que la divine Providence nous ménagera des ressources, vous verrez augmenter le nombre des missionnaires catholiques.

» Nous vous avons dit que nous ne redoutions ni les ardeurs du climat ni les fièvres. Aujourd'hui Votre Majesté peut voir que rien en effet ne nous arrête, ni les fatigues, ni les maladies, ni la mort ; depuis seize ans, plus de seize missionnaires ont succombé sur divers points. Mais n'importe, car il en vient et il en viendra d'autres pour remplacer ceux qui succombent.

» Nous avons dit que nous ne venions point ici en passant, mais bien pour vivre et mourir au milieu du peuple de Madagascar, au bonheur duquel nous avons voué notre vie. Cette promesse, Sire, nous la tiendrons : puissions-nous bientôt fonder sous vos yeux les établissements qui assureront la durée de nos œuvres !

» Nous avons dit que nous ne nous mêlions point de politique. Étudiez nos démarches, nos paroles, nos actions ; faites-nous examiner le jour comme la nuit, et vous verrez que nous demeurons constamment en dehors de tout ce qui touche à la politique et aux affaires publiques.

» Travailler pour la gloire de Dieu, pour la gloire et le bonheur de Votre Majesté, pour la prospérité, l'instruction et la civilisation de votre peuple : telle est notre unique mission, nous voulons la remplir dignement au prix de nos sueurs, et même de notre sang.

» Vous voudrez bien me pardonner de vous avoir amené ici une petite députation de nos jeunes Malgaches de Bourbon : eux aussi ont tenu à vous exprimer, ainsi qu'à votre royale épouse, l'hommage de leur respect et de leur dévouement; à vous dire de vive voix combien ils sont heureux de voir leur pays natal s'ouvrir enfin à la paix et au bonheur de la civilisation sous le règne si sage et si paternel de Votre Majesté. »

« Madame,

» La mission que nous venons remplir ici est grande, et nous avons besoin d'un haut patronage pour nous soutenir et nous aider. Nous osons compter sur votre royale bienveillance.

» Il y a six ans que vous nous en donnez des preuves bien touchantes dont notre cœur n'a point perdu le souvenir.

» Aujourd'hui que Dieu vous a faite reine de Madagascar, vous vous montrerez, s'il est possible, plus bienveillante encore. Dieu vous a donné un cœur généreux, vous serez toujours pour nous, Madame, nous aimons à l'espérer, une protectrice et une mère, comme nous serons toujours vos sujets et vos enfants les plus respectueux, les plus reconnaissants et les plus dévoués. »

Lorsque j'eus fini de parler, la musique de la Ressource que j'avais amenée avec moi de Bourbon (je dirai tout à l'heure dans quel but), entonna l'air du roi et exécuta divers morceaux dont l'harmonie captiva tellement Leurs Majestés, qu'elles quittèrent leurs siéges et s'avancèrent sous la varangue du palais, où étaient rangés en cercle nos vingt-quatre jeunes musiciens Malgaches, afin de les voir et de les entendre de plus près. Le roi surtout, qui est passionné pour la musique, témoignait ouvertement la satisfaction qu'il éprouvait. Il fit entrer nos enfants dans l'intérieur du palais et voulut les entendre de nouveau. Ils commencèrent alors un morceau d'harmonie dont le roi et la reine furent tellement émus, qu'à plusieurs reprises les larmes leur vinrent aux yeux.

Nous profitâmes de cette occasion pour leur parler plus en détail de nos établissement malgaches de la Ressource, du but que nous nous y proposions, de l'importance de cette œuvre pour la civilisation de leur pays, et des heureux résultats qu'elle avait déjà obtenus depuis près de dix-sept ans.

Radama qui est toujours reconnaissant pour le moindre bienfait dont son peuple est l'objet, nous serrait affectueusement la main en écoutant ces détails de nos travaux.

Nous l'entretînmes de nos diverses résidences sur les côtes et de notre désir d'en créer de nouvelles, à mesure que la divine Providence nous viendrait en aide.

Ce fut alors qu'il nous invita à faire passer par la capitale les missionnaires destinés à évangéliser les populations de l'intérieur et celles du littoral. «Je les ferai accompagner, ajouta-t-il, par des officiers ; et alors leur ministère sera plus respecté, parce que les peuples les regarderont et les recevront comme les amis du roi. » Je le remerciai de cette offre si pleine de bienveillance, et lui dis que nous serions heureux d'en profiter toutes les fois que les circonstances nous le permettraient.

Leurs Majestés nous firent ensuite servir divers rafraîchissements qu'elles partagèrentavec nous; il n'y eut pas jusqu'à nos musiciens que le roi ne voulût fêter et remercier, en leur faisant distribuer du vin et différentes petites douceurs!

Enfin nous prîmes congé de Leurs Majestés, au son des instruments, et nous rentrâmes chez nous le cœur dilaté et bénissant Dieu d'une si bonne et si heureuse journée.

C'est ici le lieu, je crois, de dire pourquoi j'avais tenu à amener mes musiciens de N.-D. de la Ressource à la fête de la capitale.

Tant que la Grande-Terre nous a été fermée, nos écoles Malgaches de la Réunion ne se sont guère recrutées que d'enfants recueillis dans les petites îles; et cependant ce n'était pas la

source principale où nous aurions voulu puiser.
Il y en avait une autre que nous convoitions
bien davantage ; c'était Tananarivo même, le
centre de la grande île africaine ; et tout le
monde comprend qu'ayant en vue la régénéra-
tion de Madagascar, nous devions aller prendre
au centre même de Madagascar le levain destiné
à faire fermenter toute la masse. Toutes ces
jeunes générations de la capitale y retournant
plus tard avec notre langue, nos connaissances
et nos mœurs étaient appelés à y exercer une
influence dont l'île entière ne pouvait manquer
de se ressentir. Une fois le phare allumé sur la
montagne, ses feux devaient nécessairement
rayonner au loin.

Aussi Radama n'a pas été plutôt sur le trône,
qu'une supplique lui a été adressée dans le but
d'obtenir deux ou trois cents enfants de l'un et
de l'autre sexe, afin de les former dans nos établissements de la Réunion.

Malheureusement, Tananarivo est livré à un
tel débordement de mœurs, que l'enfance est

fort exposée aux atteintes du vice, et il faudra
une grâce plus qu'extraordinaire, du moins dans
les commencements, pour la régénérer sur
place. C'est ce qui nous porte à consolider plus
que jamais nos écoles Malgaches de la Ressource,
d'autant plus qu'ici tout repose encore sur du
sable, et qu'on ne saurait répondre des événements à venir.

Mais quel moyen pour opérer ce recrutement
si désiré? Le roi acccordait bien l'autorisation,
mais c'était tout : il fallait donc jeter l'appât le
plus propre à attirer les poissons.

Les Hovas sont passionnés pour la musique :
partout on ne voit et on n'entend que des troupes de musiciens : musique du roi, musique de
la reine, musiques des princes de la famille
royale, musique des principaux chefs de la cour
et de l'armée. Pas une fête, pas une promenade
de la cour qui n'ait lieu au son des instruments.
Mais quelle musique! surtout depuis la mort
de la reine! c'est à qui soufflera le plus fort et
tirera les sons les plus aigus ! Point d'ensemble

8.

ni de mesure; chacun joue de mémoire et le plus souvent d'imagination. Les plus beaux morceaux sont travestis et défigurés au point qu'on peut à peine les reconnaître. Heureusement la grosse caisse est toujours là pour couvrir les effet discordants.

Il paraissait vraisemblable qu'une musique régulière, procédant avec méthode, ensemble et précision, qui viendrait à se faire entendre dans la capitale, y opérerait une véritable révolution.

Nous l'avons donc jeté, ce filet, en priant Dieu d'envoyer sa bénédiction, et du premier coup quatre-vingt-six poissons, petits et gros s'y sont pris au point que le 25 septembre, ils partaient pour la Réunion, à la suite de nos vingt jeunes musiciens. C'est une pêche presque miraculeuse, et j'ai confiance qu'elle sera suivie de plusieurs autres; car le souvenir de la musique de la Ressource est toujours là.

Nous avons eu soin de ne pas prodiguer nos petits musiciens. Ils ne se sont guère fait enten-

dre que les dimanches, au commencement et à
la fin des offices, dans les visites que nous ren-
dions de temps en temps au roi et à la reine,
dans les circonstances solennelles ou dans
quelques festins d'apparat de nos consuls ou de
nos ambassadeurs.

Dieu a daigné bénir notre bonne volonté et
notre désir unique de procurer sa gloire ; car il
nous est témoin que nous n'avons cherché que
cela ; jamais, sans ce motif, nous n'eussions osé
entreprendre une tâche aussi coûteuse, aussi pénible et aussi périlleuse.

Toutes les fois qu'il nous est donné de paraître devant Leurs Majestés, nous retrouvons
un accueil aussi sympathique. Chez le roi, d'un
naturel ardent et impétueux, cette bienveillance
éclate à chaque instant en saillies dignes de son
cœur et de son caractère.

Un père vient-il à se rencontrer sur le pas-
sage de Radama, celui-ci quitte son escorte, lui
prend la main et l'emmène avec lui jusqu'au
palais. Il aime à s'entretenir avec nous de philo-

sophie, de physique, de musique et même de religion.

Dernièrement, se trouvant avec un d'entre nous, il lui dit : « Est-ce que vous vous confessez, mon père ? — Mais oui, je me confesse ! — Et quand vous n'êtes que deux, à qui se confesse le premier ? — Au second. — Et le second ? — Il se confesse au premier. — Mais si vous êtes seul ?— Dans ce cas, il faut demander pardon à Dieu des fautes de fragilité par un acte de contrition parfaite. — Je ne sais, reprit-il, comment vous devez me juger, car je ne suis ni catholique ni protestant, je suis entraîné par le goût du plaisir. Mon entourage et moi, dans quelle catégorie faut-il nous placer? — Il y a espoir, repartit le missionnaire, que vous aurez le courage de prendre une bonne et généreuse résolution, et puisque déjà vous avez su vous défendre de l'impiété et de l'hérésie, vous réglerez aussi votre vie de manière à dominer l'entraînement des passions. Dieu, qui vous a donné tant de preuves de sa bonté, vous fera comprendre ce qu'il attend de

vous pour faire de Votre Majesté un prince accompli, toujours maître de son cœur. — Vous
croyez donc que Dieu aura pitié de moi?— Sire,
cette grâce, je la demande tous les jours dans
mes prières. »

A cette réponse, si bien en harmonie avec
ses tendances, le roi exprima sa joie par un sou-
rire affectueux en s'écriant : « Oh! oui, quoique
je sois bien léger, je suis du meilleur côté. »

Tel est Radama. Voilà son cœur, sa fran-
chise, son laisser-aller avec les missionnaires.

Peu de jours avant notre arrivée à Tananarivo, un de nos frères coadjuteurs était occupé à
construire un mur en pierre le long du lac d'Am-
bodinandohalo, au centre de la ville. Le frère,
ancien sapeur d'un régiment de grenadiers, tra-
vaillait avec ardeur. Les pierres volaient en éclats
sous son lourd marteau de maçon et venaient en
suite se ranger chacune à sa place. Des curieux,
en assez grand nombre, accroupis sur leurs ta-
lons, enveloppés dans leurs lambas, se mon-
traient tout ébahis de voir un blanc travailler

de la sorte en plein soleil. Le roi envoya un de ses principaux officiers féliciter le frère, et le remercier des leçons de travail qu'il donnait à son peuple !

Plusieurs travaux exécutés par quelques-uns de nos missionnaires n'ont pas peu contribué à nous concilier l'estime de Radama et à développer ses excellentes dispositions à notre égard. Il faut citer entre autres un tableau destiné au monument élevé sur la place du Champ-de-Mars pour la fête du couronnement. Ce tableau représentait deux anges soutenant une couronne d'or, posée sur un riche coussin de damas rouge.

A peine ce travail fut-il terminé que le roi fut invité à venir le voir. Il se rendit immédiatement chez nous, escorté des grands officiers de son palais, de tous ses chœurs de musique et d'une foule nombreuse attirée par la curiosité. Radama, après avoir exprimé sa satisfaction du soin que nous mettions à embellir la fête, remercia, en lui serrant la main, celui d'entre nous qui avait peint cette toile de décor.

Pendant plus d'une semaine notre cour ne désemplit pas de curieux et d'admirateurs de tout âge, de tout sexe et de toute condition.

Le roi vient de concéder à la mission un bel emplacement pour y élever une ferme modèle et y construire divers ateliers. C'est à lui également que nous sommes redevables des terrains que nous possédons aujourd'hui au centre de la ville. Jamais, sans son intervention et ses démarches personnelles, nous n'aurions pu conclure nos transactions avec les propriétaires dont rien au monde n'eût été capable d'assouvir les prétentions et la cupidité. Je ne parle pas d'une foule de petits cadeaux qui nous arrivent journellement par l'entremise des officiers du palais : du gibier, du poisson, des pommes de terre, etc. Ces choses ont peu de valeur en elles-mêmes, mais toutefois elles révèlent ce que le cœur de cet excellent roi renferme de bienveillance et d'affection pour nous.

Les dispositions de la reine à notre égard ne sont pas moins favorables ; elle vient de nous en

donner une preuve non équivoque en nous con-
fiant, pour les instruire dans nos écoles, trois
jeunes enfants dont elle est la mère adoptive.

Le petit prince Ratahiry surtout est son idole,
elle l'aime avec une prédilection marquée : le
charmant enfant le mérite par ses grâces naï-
ves et son gracieux caractère.

Lors de mon premier voyage à Tananarivo,
en 1856, sous le règne de Ranavalona, presque à
la veille de notre départ, la reine actuelle vint
me prier de lui donner un nom, suivant la coutume du pays. La princesse était fort gaie, et elle
nous fit part de son projet avec un tel air d'en-
jouement que je crus d'abord que c'était une plai-
santerie. Je dus pourtant me tenir prêt, et j'a-
voue que je n'étais pas mediocrement préoccupé
du nom que j'aurais à donner à mon futur filleul.
Il me fallait trouver dans le calendrier romain
un saint d'origine princière, portant un beau
nom, plein de sens, et en harmonie avec la langue du pays. Ce n'était pas chose facile, et, pour
le mieux comprendre, il faut savoir que chez les

Hovas les noms aristocratiques ont tous pour radical Ra : de là les noms de Radama, Ranavalona, Rakoto, Rabodo, etc. Je commençais presque à désespérer lorsqu'une inspiration soudaine
du bon ange, j'aime à le croire, me vint en aide.
A cinq heures du matin, Rakoto et Rabodo étaient
déjà à l'entrée de notre case ; nous nous hâtons
d'aller les recevoir : un gracieux petit enfant,
d'un an environ, enveloppé dans la soie et la
pourpre, reposait sur le sein de sa nourrice ;
c'était le prince Ratahiry.

— Eh bien ? me dit Rabodo, en me le montrant
du doigt, voilà ton filleul ; lui as-tu trouvé un
nom ? — Oui, repris-je aussitôt, et un nom de la
plus haute origine, d'un très-heureux augure.

Puis, ayant fait asseoir le cortége, je pris un
air solennel et leur dis : — Désormais cet enfant
ne se nommera plus Ratahiry, il s'appellera Raphaël. Raphaël, ajoutai-je, est le nom d'un des
premiers princes de la cour céleste : il signifie,
en langue hébraïque, *remède divin, médecine
divine.*

C'est un nom qui lui rappellera d'abord son parrain venu depuis à la capitale, en qualité de médecin consultant ; il lui redira, en outre, le vœu que je forme pour qu'il devienne un jour le sauveur de son peuple, et contribue à le tirer des ténèbres et de la barbarie où il est plongé.

Rakoto et Rabodo écoutaient en silence, le cœur plein de joie et d'admiration. Le prince voulut que l'on conservât par écrit le souvenir de cette petite fête intime à laquelle assistaient seulement quelques amis discrets.

Aujourd'hui mon petit Raphaël a sept ans: il est doué des plus heureuses dispositions pour la science comme pour la vertu. Il semble que le saint archange dont il porte le nom prenne plaisir à le couvrir de ses ailes, et à le préparer à de hautes destinées. Puisse-t-il justifier toute l'étendue de son nom et travailler un jour à dessiller les yeux de ses malheureux compatriotes !

Le 24 octobre, fête de l'archange Raphaël,

j'ai dit la messe pour mon petit filleul et lorsque
la reine en a été instruite elle s'est écriée : « Je
suis bien aise ! Dites à mon père Be (au père
supérieur) que Ratahiry est son enfant, et qu'il
peut faire pour lui tout ce qu'il jugera convenable. »

Avant que nos écoles fussent organisées,
Ratahiry avait suivi quelque temps celle d'un
Hova méthodiste. C'est de là que la reine l'a retiré
pour nous le confier. Une tempête a été soulevée
à cette occasion : on a crié à la captation, à l'en-
lèvement, au vol. On en a appelé à l'autorité du
roi, lequel a répondu qu'il n'avait point à intervenir dans les actes de la reine et qu'elle
était parfaitement libre d'agir comme bon lui
semblait.

Enfin on est allé jusqu'à Rabodo elle même,
laquelle, justement froissée de voir qu'on lui
contestait jusqu'à son autorité de mère, a répondu, de manière à décourager de nouvelles
insistances que la reine de Madagascar n'avait à
rendre compte à personne, si ce n'est au roi son

époux, de ce qu'elle jugeait à propos de faire dans l'intérêt de sa famille; qu'il lui avait paru bon de confier son pupille aux Pères et qu'il resterait chez eux.

Pendant ce temps, le petit Ratahiry déclarait hautement, à la grande satisfaction de sa mère adoptive, que jamais il ne remettrait les pieds dans l'école protestante : puis avec cet air décidé qu'il prend quelquefois et qui lui va si bien, il répétait en riant : « *Izy tezitra, izaho mahay.* — Cet homme est en colère! mais peu m'importe; moi, j'apprends bien ici et j'y reste. »

Ratahiry n'est pas venu seul à notre école. Il y a été suivi par un autre prince, du même âge environ, nommé Rasaoarandrana, son ami et son petit camarade.

En même temps que la reine nous confiait ces deux enfants, elle remettait entre les mains des sœurs de Saint-Joseph une de ses protégées, appelée Rampelasinimoro, de la famille de Lafimbolamena, une des plus anciennes du pays;

la sœur de Ratahiry n'a guère que trois ans; sa place à l'école est déjà retenue.

En présence de pareilles dispositions, nous ne pouvons que prier Dieu de nous les conserver, de bénir Leurs Majestés et de les récompenser par le don de la foi, des sentiments qu'il daigne leur inspirer en notre faveur.

Le pavillon de la France a été solennellement arboré pour la première fois au centre de la capitale de Madagascar, le jour de l'Assomption de la Sainte Vierge. Ce jour était l'anniversaire de la mort de Ranavalona-Manjaka, dont la politique unique et constante pendant un règne de trente-trois années avait été d'interdire l'entrée de son île à toute influence étrangère.

Qui jamais eût osé penser qu'à un an d'intervalle seulement, toutes les portes de la Grande-Ile seraient ouvertes et que tous les pavillons de l'Europe pourraient y flotter en toute liberté? Car c'est une pensée fixe chez Radama II de convier à la civilisation de son pays, non la France et l'Angleterre seules, mais tous les peuples de l'Europe. Vers neuf heures du matin, le pavillon national fut arboré au consulat en présence de la troupe sous les armes, d'une foule de peuple accourue pour contempler un spectacle aussi nouveau, de toute la députation française, de Sa Majesté Radama II qui a voulu sanctionner par sa présence royale, cet acte important de son règne, le pavillon français a été hissé au bruit des salves d'artillerie, et aux cris mille fois répétés de Vive la France! Vive Madagascar! Vive l'Empereur! Vive Radama II!

Quelques jours auparavant, le pavillon britannique avait été arboré aux mêmes acclamations et avec les mêmes salves d'artillerie. En consentant à ce que ses couleurs flottent au sein de la Grande-Ile, l'Europe a eu pour but de consolider l'ère de paix, d'ordre et de liberté que semble avoir inaugurée le règne de Radama; en même temps qu'elle entend offrir aux étrangers qui résident ou qui résideront à Madagascar la garantie de sécurité la plus efficace qu'ils puissent désirer, soit pour leurs personnes, soit pour leur commerce, leur industrie et leurs propriétés.

Dans cette même matinée le roi et la reine ont assisté au saint sacrifice de la messe célébré dans notre église catholique.

C'était la première fois qu'une pareille démonstration avait lieu, et elle a produit sur tout le peuple qui en a été le témoin une impression d'autant plus profonde qu'elle s'est faite en plein soleil, avec toute la publicité et toute la solennité possibles.

Le roi est arrivé à pied, selon son habitude, entre deux haies de soldats et accompagné de la députation française. La reine suivait sur un magnifique palanquin, ombragée du grand parasol rouge et escortée de ses dames d'honneur et des principaux officiers du palais. Après le cortège royal venait une foule nombreuse d'hommes, de femmes, d'enfants impatients de voir et d'entendre. Malheureusement notre église, ou plutôt la case qui en tient lieu, était trop étroite pour contenir toute cette multitude dont la plus grande partie a dû stationner à la porte.

Nous n'avions rien négligé pour orner le mieux possible notre humble et modeste chapelle. Mais, hélas! malgré toute notre sollicitude et notre industrie, combien elle était loin d'égaler nos plus simples églises de campagne!

Ainsi, point d'autel, ni en marbre, ni même en bois. Une table sur deux tréteaux, c'est tout pour le moment : point de tabernacle encore, point de garniture d'autel, point de fleurs naturelles ou artificielles! Pas un tableau, pas une statue : un simple crucifix en bois servait de rétable et décorait le fond de notre sanctuaire; quatre murailles à peine dissimulées par quelques nattes grossières ornées de festons sur lesquels brillaient les écussons de Napoléon III et de Radama II.

Mais, le chef-d'œuvre de l'église était le trône du roi et de la reine. Un de nos Pères y avait mis tout son talent, et n'avait pas trop mal réussi.

Vers dix heures du matin Leurs Majestés sont venues prendre place sur leur trône, pendant que la musique de la Ressource exécutait de joyeuses fanfares.

Bientôt le prêtre est monté à l'autel et a commencé la messe durant laquelle un chœur de plus de deux cents jeunes élèves, garçons et filles, n'a cessé de chanter en parties et avec accompagnement d'un harmonium d'emprunt plusieurs morceaux en latin et en malgache, avec tant d'harmonie que les blancs eux-mêmes en é'aient ravis, « ne sachant, disaient-ils, qu'admirer le plus, ou du père qui avait eu la patience de former tous ces chœurs composés d'enfants dont la plupart ne savent pas même lire, ou de ces enfants qui avaient si vite et si parfaitement retenu les leçons de leur maître. »

Quelques-uns de nos Européens ont été émus de ces chants jusqu'aux larmes, ainsi qu'ils nous l'ont eux-mêmes assuré. Leurs Majestés ont ressenti aussi une vive impression.

9.

Monsieur Laborde, consul de France, avait offert dans sa délicieuse et pittoresque villa, située au bas de la colline un banquet auquel ont assisté les députations anglaise et française, ainsi que plusieurs dames et grands officiers de la cour; la mission catholique fut représentée par un de nos Pères. Une vaste tente avait été dressée en plein air et l'ordonnateur de la fête avait tout disposé avec tant de grâce, d'élégance et de bon goût, qu'à la fin du repas, le plénipotentiaire de Sa Majesté Napoléon III remercia cordialement M. Laborde en lui disant : « Mon cher consul, à vous tous les honneurs de la journée ! » Avec si peu d'éléments et de ressource, il était impossible de faire plus, de faire mieux et d'obtenir une approbation plus sympathique et plus universelle.

Pour moi, retenu sur mon lit par la fièvre, je me contentai de m'unir d'intention à tous les vœux qui furent formés en cette circonstance mémorable pour l'avenir et le bonheur de Madagascar.

II

La fête est passée. Jetons maintenant un coup d'œil rapide sur la position que nous occupons à Tananarive. Il y a à peine un an, lorsque les missionnaires catholiques sont venus s'installer au centre de la capitale, ils n'étaient que deux : ils ne possédaient ni terrain, ni logement, ni église. M. Jean Laborde, pauvre lui-même, puisque l'exil et la proscription lui avaient tout enlevé, s'empressa de leur offrir l'hospitalité du pauvre. Ils trouvèrent chez lui un cœur d'ami, avec une case de huit pieds carrés, qui leur servait tout à la fois de parloir, de chambre à coucher, de cabinet de travail, de salle à manger et de chapelle pour les dimanches : M. Laborde et sa famille étaient à

peu près les seuls catholiques de la province
d'Emirne. Et c'est grâce à leur généreuse hospitalité que nous avons pu jeter les fondements
de cette nouvelle et importante Mission. Dès les
premiers jours, la curiosité l'emporta sur la
crainte, chez les enfants surtout, et un certain
nombre osa se risquer jusqu'à venir examiner
à travers les fenêtres, nos chapeaux, nos souta-
nes et nos personnes. Bientôt quelques images,
quelques gravures étalées sur les tables devin-
rent un appât auquel les plus timides ne purent résister. La foule allant toujours grossis-
sant, il fallut songer à se procurer un local plus
spacieux et plus convenable.

Le roi nous donna alors une preuve signalée
de son affection et de sa bienveillance, en inter-
venant personnellement pour nous aider à acheter le terrain que nous avions en vue.

Cet emplacement avait peu d'étendue. Il ne
contenait guère qu'une case; mais il était parfaitement situé, au centre de la ville et d'un
accès facile. Ces considérations nous détermi-

nèrent à en faire l'acquisition, malgré l'élévation du prix.

La case fut divisée en deux comparti-
ments : l'un affecté au service du culte et l'autre au logement des missionnaires.

Tels ont été les commencements de notre
apostolat avoué au sein de la capitale de la
grande île africaine. Il n'était guère possible de
débuter plus humblement: c'était littéralement
le grain de sénevé; aussi faisions-nous plus pitié qu'envie, et les élèves des hérétiques nous
appelaient par dérision:« les priants d'une seule
case » par contraste avec les lecteurs de la
Bible qui comptaient déjà de nombreux centres de réunion.

Pendant que nous disputions ainsi pied à
pied les terrains nécessaires à notre installation, à Tamatave le canon retentissait pour saluer le débarquement des ministres méthodis-
tes, tandis que le gouverneur refusait de recevoir nos Pères et nos Sœurs, et jusqu'aux envoyés de la France! Radama était loin de ratifier

tout cela ; il subissait une pression qu'il devait se résigner à supporter temporairement.

Notre pauvre et modeste église était alors le cénacle s'ouvrant devant la synagogue ; d'un côté tout le crédit, toute la puissance, toutes les ressources naturelles et humaines; de l'autre, ce qu'il y a de plus humble, de plus petit, de plus délaissé.

Ici comme à la crèche du Sauveur, ce sont les esclaves et les pauvres qui les premiers sont accourus, et qui aujourd'hui encore forment le principal noyau de notre chrétienté.

Peu à peu cependant les craintes se sont évanouies ; à mesure qu'on nous a vus à l'œuvre, la conscience s'est dilatée et la lumière s'est faite !

En nous étudiant de plus près on s'est dit: « Ces hommes-là ne sont pas comme les autres : l'intérêt politique et humain n'est pour rien dans leurs démarches et dans leurs actions. Il y a chez eux ce qu'on ne trouve pas ailleurs: unité de vues, unité d'autorité et de direction, unité de doctrine et d'enseignement, unité d'esprit et de cœur ! Evidemment si la vérité est quelque part, elle doit être là ! »

Le Hova naturellement sérieux n'a pas été longtemps à faire toutes ces réflexions, et ces réflexions ont été successivement confirmées par les actes dont il a été le témoin et l'appréciateur, c'est-à-dire, qu'il a vu les enfants instruits, les pauvres secourus, les malades visités et soignés, les moribonds assistés. Cette nuit encore, 26 octobre, le grand juge de Tananarive, Andriantsirangy, est mort dans les bras de deux missionnaires catholiques qui l'ont soigné nuit et jour pendant sa maladie, et qui ont été assez heureux pour lui administrer les sacrements du Baptême et de l'Extrême-Onction, qu'il a reçus avec de grands sentiments de piété.

Tous ces résultats, auxquels la grâce divine a infiniment plus de part que nous, ont fait tomber bien des préjugés. L'assistance solennelle du roi et de la reine au très-saint Sacrifice dans notre petite chapelle catholique, le jour de l'As-

somption, les nombreux témoignages de bienveillance et de sympathie qu'ils ne cessent de
nous donner, l'empressement de la reine à nous
confier ses enfants adoptifs pour les élever et les
instruire, la messe que j'ai dite moi même dans
le grand palais le jour de la fête du couronnement: enfin un appareil photographique devant
lequel Radama et Rabodo sont venus successivement poser dans tout l'éclat de la pompe
royale, et qui pendant plusieurs semaines n'a
cessé d'attirer tout ce que la capitale compte de
plus distingué, tout cela n'a pas peu contribué à
nous faire connaître, à dissiper les préventions
et à ranimer la confiance dans tous les cœurs.

Notre modeste chapelle ne suffit plus à la
foule qui s'y presse chaque dimanche pour assis-
ter à la messe, pour entendre les instructions
ou le catéchisme. Il nous faudrait aujourd'hui
une église capable de contenir deux ou trois
mille personnes au moins ; encore ne tarderait-
on pas à s'y trouver à l'étroit. C'est ce qui nous
fait songer sérieusement à nous créer d'autres

centres d'action sur différents points de la ville.

Tel est le progrès de la religion catholique au sein de cette capitale, qu'elle compte aujourd'hui :

Deux résidences : l'une à Andohalo, l'autre à Ambohimitsimbina ;

Six missionnaires prêtres ;

Cinq frères coadjuteurs ;

Trois sœurs de Saint-Joseph ;

Deux écoles, l'une de filles, l'autre de garçons, contenant chacune près de 400 élèves. Déjà plusieurs milliers d'indigènes suivent les offices, fréquentent les catéchismes et se préparent au Baptême.

Tel est à peu près le résultat des travaux d'un an pour la seule capitale ! Que sera-ce dans quarante ans, si Dieu daigne continuer à nous bénir ? En Dieu donc notre confiance, à lui seul gloire, honneur et actions de grâces.

Toute l'espérance de l'avenir est dans les écoles, aussi cherchons-nous à leur donner le plus grand développement possible.

Nous ne saurions assez remercier Dieu des

abondantes bénédictions qu'il daigne répandre sur ces moyens d'action.

L'année dernière les Sœurs n'avaient qu'une élève, elles en comptent aujourd'hui plus de deux cents dont un bon nombre appartient aux premières familles, et chaque jour on en voit arriver de nouvelles qui se recrutent non-seulement dans la capitale, mais encore dans les villes environnantes. Il va sans dire que tout ce petit monde ne paye d'autre tribut que celui de sa présence et de sa bonne volonté ; à nous par conséquent le soin de le loger, de le nourrir et de l'entretenir. Heureusement le budget de la Providence est là !

L'école des garçons n'est pas moins florissante, surtout par la qualité des sujets. Notre petit prince Ratahiry en est la gloire et l'ornement, moins encore par la noblesse de son origine que par ses rares moyens et son délicieux caractère.

Au plus ardent désir d'apprendre, tous ces enfants joignent une grande douceur de mœurs et les plus heureuses dispositions pour la piété. Leur empressement à venir à l'école est admirable ; quelquefois ils arrivent dès six heures du matin, bien que la classe ne commence qu'à hu't. Chaque élève de famille noble a son petit esclave qui l'accompagne ; quant à nos deux princes, ils sont suivis de serviteurs, hommes et femmes, qui ont charge de les porter en palanquin, de les servir partout, de ne point les perdre un seul instant de vue. Je ne sais si Ratahiry possède autant d'habits qu'il y a de jours dans l'année, toujours est-il que la variété de ses costumes, toujours d'une élégance et d'une propreté parfaites, donne à comprendre que le cœur de la reine se préoccupe de ces détails. Il est aisé de voir que la main, l'œil et le cœur de la reine ont passé par là.

Nos jeunes élèves, en entrant à l'école, se dirigent d'abord vers la chapelle pour y faire une courte prière ; ils viennent ensuite frapper successivement à chaque porte pour saluer les Pères en français, d'après une formule qu'ils

savent par cœur et qu'ils se plaisent à répéter :
« Bonjour, mon Père, comment vous portez-
vous? « Et si par hasard un missionnaire est
malade, ils ne manquent jamais d'ajouter :
« Guérissez-vous vite. »

A peine la cloche a-t-elle sonné, qu'on les
voit se précipiter en classe comme une volée
d'oiseaux.

Vers dix heures et demie ils s'en retournent
chez eux prendre leur repas, qui dure peu de
temps; car ils sont pressés de rentrer à la maison des Pères pour s'y livrer à leurs jeux : à
leur voir prendre leurs ébats on comprend qu'ils
sont heureux; ces récréations rappellent celles de
nos colléges d'Europe.

Les bonnes dispositions de nos petits éco-
liers font espérer qu'un jour, Dieu aidant, Tananarive possédera non-seulement une école
primaire, mais encore un collége.

Ce sera surtout quand nos bons Frères des
écoles chrétiennes nous serons venus en aide
avec leur longue expérience, leurs mille indus-

tries pour former la jeunesse, et leur admirable dévouement !

Une des belles pages de l'histoire de Radama est l'acte solennel d'amnistie accordée par lui aux conspirateurs de l'année dernière. A peine Ramboasalama fut-il exilé, que la pensée de cet exil devint pour le roi un souvenir pénible qui ne lui laissait de repos ni le jour ni la nuit.

Il proposa à plusieurs reprises de rappeler son cousin dans la capitale et de le rétablir dans tous ses droits. Mais le peuple déclara que si le chef de la conspiration rentrait, il n'échapperait pas à sa justice. Radama dut céder devant cette menace et attendre. Mais tous purent comprendre ses regrets de ne pouvoir suivre les généreuses inspirations de son cœur.

Il semble que la divine Providence ait voulu faire disparaître les espérances du parti réactionnaire en tranchant subitement les jours du conspirateur. Le 21 avril 1862, moins d'une année après la mort de Ranavalona, mourait Ramboasalama, miné par l'ennui et le chagrin,

plus encore que par la maladie : on assure
même que, pour en finir plus vite, l'infortuné
avait appelé à son aide l'arak, les liqueurs fortes,
et d'autres boissons fermentées dont l'abus est
si pernicieux dans ces contrées brûlantes.

Tant que dura la maladie, tous les parents
du prince durent se tenir à distance ; ses femmes
mêmes et ses propres enfants ne pouvaient arriver jusqu'à lui, non par suite d'une défense ou
d'une disposition particulière, mais en vertu
d'une coutume générale qui frappe d'interdit
quiconque ose communiquer avec un moribond.

Il y eut pourtant une dérogation à cet usage, sans doute par un privilége réservé aux
membres de la famille royale. Ce fut lorsque le
prince toucha à ses derniers moments. Alors
seulement ses parents furent introduits, non
pas dans la chambre même du malade, mais
dans un appartement voisin. Le 19 avril, Ramboasalama, interrogé sur son état par son fils
Ratasilahy, se sentait beaucoup mieux : c'était
la dernière lueur du flambeau qui s'éteint, car

le 21, de grand matin, il rendait le dernier soupir, et un courrier partait à l'heure même pour en porter la nouvelle au roi. L'histoire sacrée nous a conservé l'expression de la douleur de David en apprenant la mort de Saül, son ennemi ; quelque chose de cette douleur fut ressenti par le cœur de Radama, lorsqu'on vint lui annoncer la triste fin de Ramboasalama. Il ordonna aussitôt un deuil général de vingt jours, voulut que ses funérailles se fissent à la capitale, suivant le cérémonial usité pour la sépulture des princes du sang, et lui fit préparer un des pavillons antiques attenant au Palais-Royal.

Ici, la disgrâce d'un coupable expire à sa mort, et toutes les flétrissures de la vie demeurent ensevelies dans le cercueil. Les desseins criminels de Ramboasalama furent donc complétement oubliés, et l'on ne songea plus qu'à lui rendre les honneurs funèbres dus à son rang.

En conséquence, tout le monde prit le deuil et l'on s'empressa de faire les visites de condoléance au roi et à la reine. Pendant plusieurs jours on vit une procession continue de visiteurs s'acheminant vers le palais dans un morne silence.

Le 22 avril, vers les six heures du matin, le cercueil du défunt porté par ses esclaves, accompagné de sa musique et suivi d'un grand nombre de ses proches, fut déposé dans une maison de campagne située au pied de la ville.

Radama n'avait rien négligé pour faire rendre aux dépouilles mortelles de son cousin tous les honneurs dus à son rang de prince du sang.

Par son ordre sept coups de canon furent tirés à la première apparition du cercueil. Bientôt toutes les musiques de la cour furent invitées à se réunir à celle du défunt et les troupes vinrent se ranger autour du cercueil pour l'escorter jusqu'à son dernier asile. D'heure en heure le canon retentissait et ces salves étaient alternativement suivies de décharges de mousqueterie. Puis s'élevaient dans les airs les cris et les gémissements des pleureurs et des pleureuses.

Enfin, vers quatre heures du soir, on fit faire

au cercueil le tour de la propriété du prince comme pour lui dire un dernier adieu, mais au pas de course, dans la crainte peut-être que quelque puissance invisible ne cherchât à l'y retenir.

Après cette promenade mystérieuse, le cortége, reprenant sa marche vers la ville, défila entre deux haies de soldats qui portaient leurs armes inclinées vers la terre.

Les musiciens de l'armée, groupés de distance en distance, exécutaient des morceaux d'harmonie, plaintive, et aux sons des instruments succédaient les cris et les gémissements poussés par plus de trois cents esclaves et par toute la famille du prince défunt, en tête de la quelle se faisait remarquer son fils Ratasilahy, enveloppé d'un vieux lamba en signe de deuil.

Le cheval de bataille du prince défunt, richement caparaçonné, marchait à la suite de son maître. Soit réminiscence des temp santiques, soit fidélité aux usages du pays, il était destiné à être immolé sur la tombe du prince.

Le cercueil, recouvert de pourpre, était sur-monté du casque d'or et de la couronne; tout autour était suspendus l'écusson, la lance, le bouclier en vermeil et tous les insignes princiers du défunt.

Aux deux côtés du cercueil, en avant et en arrière marchaient les porte-éventails dont la mission était de chasser les insectes, d'éloigner les odeurs méphitiques et de repousser tous les esprits mauvais qui tenteraient d'entraver la marche du défunt.

La bière était portée par un grand nombre d'esclaves qui la tenaient élevée sur leurs épaule.

Pendant toute la marche du convoi funèbre le canon ne cessa de retentir.

Arrivé dans la cour du palais, le cortége s'ar-rêta quelque temps et vint saluer le roi qui l'attendait au balcon. Ce fut alors qu'eut lieu une scène des plus émouvantes, telle qu'il s'en rencontre peu dans les pays les plus civilisés. Ratasilahy monta sur une pierre, et s'étant prosterné jusqu'à trois fois devant le roi, lui demanda pardon au nom de son père. Lui montrant alors ceux qui l'entouraient : « Voici, s'écria-t-il, vos enfants et vos esclaves! ils sont orphelins! ayez pitié d'eux! »

Enfin le quarante-deuxième coup de canon se fit entendre : c'était le signal de la sépulture ; on se hâta de placer dans la bière tout ce qui devait y être renfermé, et au moment où le soleil achevait de disparaître à l'horizon, derrière les hautes montagnes de l'ouest, l'infortuné prince descendait dans sa dernière demeure, précisément à deux pas de l'endroit où huit mois auparavant il avait rêvé le trône et la couronne!

Le lendemain, 23 avril, eurent lieu les cérémonies de la purification et la fin du deuil. Vers sept heures du matin le roi, la reine et les grands de la cour se rendirent en silence, les uns à pied, les autres en palanquin, au château de Soanerana, situé au pied de Tananarive. Là tout le monde se baigna dans la rivière, puis on fit tuer quarante bœufs, dont la chair fut distribuée aux blancs, aux officiers et aux membres de la famille du défunt.

Radama fit connaître au peuple que Ratasilahy, fils de Ramboasalama, était prince du sang et successeur de son père. Il annonça en même temps que le deuil était fini. Aussitôt chacun reprit son train de vie ordinaire et les larmes cessèrent.

Cette conduite envers l'homme qui avait attenté à ses jours et avait rêvé de lui enlever la couronne n'eût-elle pas paru prodigieuse dans un pays civilisé?

Pour l'âme de Radama, c'était trop peu; il lui fallait accorder à tous les coupables un pardon général, c'était le rêve de son cœur; mais les juges redoutaient avec quelque raison qu'un excès d'indulgence ne favorisât le fanatisme et la révolte.

Toutefois ces raisons ne pouvaient convaincre Radama. « Tant que je ne pourrai pardonner pleinement, disait-il, je ne serai roi qu'a demi! »

Enfin le jour de son couronnement a été cette occasion tant désirée de faire grâce à tous. « Ce pardon disait-il, est ma plus belle couronne ». — Le 19 septembre, à huit heures du soir, toute la ville était en émoi, au bruit des vingt et un coups de canon qui retentissaient pour annoncer au peuple l'amnistie générale.

Il me serait difficile, de dire le nombre et la richesse des cadeaux destinés à être offerts au roi.

Il suffira de rappeler qu'ils avaient été commandés par M. Lambert, duc d'Emirne et ambassadeur de S. M. Radama II, dont le goût égale la générosité. Les deux couronnes royales et les manteaux de Leurs Majestés étaient un présent de l'empereur Napoléon III et de l'impératrice Eugénie. L'uniforme offert au roi ressemblait à celui que porte l'empereur des Français dans sa grande tenue militaire.

Radama et Rabodo, désirant montrer le prix qu'ils attachaient à ces présents, ont fait deux ou trois tours dans la grande salle du palais, le manteau royal sur les épaules et la couronne sur la tête.

Le souverain Pontife Pie IX avait fait offrir par M. Lambert à Radama II un riche médaillon en mosaïque représentant une main qui bénit et au-dessus de cette main uue croix grecque portant l'empreinte des cinq plaies du Sauveur. Touchante allégorie qui indique au jeune roi que le souverain Pontife a toujours la main étendue pour le bénir, mais que ses bénédictions n'ont de force et de vertu que dans la croix et les plaies de Jésus-Christ, où il semble l'inviter lui-même à puiser les grâces et le courage dont il a besoin pour régner dignement et faire le bonheur de son peuple!

Le jour du couronnement Radama a porté au cou cette décoration de Pie IX. Il était aisé de voir qu'il était fier de cette distinction.

Le souverain Pontife avait ajouté à ce présent la lettre suivante:

« Pie IX, Pape ,

» Roi puissant et miséricordieux, que le Seigneur vous garde !

» J'ai reçu avec une grande joie la lettre que
Votre Majesté m'a écrite avec un cœur vraiment
royal !

» Cette lettre ne respire que des sentiments
d'amour, de respect et de reconnaissance qui
m'ont profondément touché ! J'ai appris également avec grand plaisir qu'après avoir triomphé
de tous les obstacles sous l'égide de la Providence, vous aviez pris les rênes du gouverne-
mentet qu'oubliant dans votre cœur si généreux
et si charitable les procédés et les griefs de vos
ennemis, vous n'aspiriez qu'à leur faire grâce !

» Ces sentiments si pleins de clémence sont
un signe non équivoque de la bonté et de la ma-
gnanimité de votre cœur !

» Ce qui a le plus réjoui le nôtre, c'est d'apprendre que Votre Majesté, remplie d'indulgence et de mansuétude, travaille à instruire son peuple et à le faire entrer, par tous les moyens en son pouvoir, dans les voies de la moralité et de la véritable civilisation !

» Or, vous devez comprendre que la religion catholique et ses divins enseignements sont le grand moyen d'atteindre le but que vous désirez.

» Aussi, vous êtes-vous empressé d'appeler les missionnaires catholiques dans votre royaume pour y prêcher la foi, enseigner à toutes vos tribus la doctrine de Jésus-Christ, et leur apprendre à goûter et à s'approprier tous les biens et tous les avantages qui en découlent !

» En conséquence, je rends grâce à Votre Majesté dans toute la plénitude de mon cœur, de tout ce qu'elle a déjà fait pour la gloire de Dieu, et je l'exhorte de tout mon pouvoir à poursuivre ses excellents projets.

» Que votre bienveillance pour les mission-

naires catholiques aille toujours croissant en
raison de leur zèle et de leur dévouement
pour Votre Majesté et le bonheur de vos
peuples.

» Travaillez donc de tout votre pouvoir à pro-
pager cette sainte Église catholique, ainsi que ses
divers enseignements : qu'elle soit respectée et
protégée dans toute l'étendue de votre royaume.
Vos peuples trouveront en elle une source de
paix et de bonheur, et votre autorité l'appui le
plus solide et le plus inébranlable.

» Soyez bien persuadé que nous désirons très-
ardemment vous être agréable en tout ce qui dé-
pendra de nous, et vous aider de tout notre pouvoir à réaliser les nobles projets de votre cœur!

» Nous n'oublierons pas de prier pour vous
auprès de Dieu, notre Seigneur, auteur de tout
bien, et nous ne cesserons de lui demander qu'il
protége Votre Majesté, qu'il lui accorde un règne
long, paisible et heureux, et surtout qu'il ré-
pande sur un roi aussi bon et aussi magnanime
toute la plénitude de ses grâces, afin que voyant

la vérité, il l'embrasse avec courage, et arrive ainsi à la félicité éternelle.

« Donné à Rome, dans notre Palais de Saint-Pierre, le 29 mai 1862, la seizième année de notre pontificat.

» PIUS PAPA IX. »

Le roi, profondément touché de ce témoignage de la bonté paternelle du souverain Pontife, répondit à sa Sainteté :

« Tananarive, 24 septembre 1862.

» Très-saint Père,

» J'ai reçu la lettre et la décoration que Votre Sainteté a bien voulu m'envoyer, et je l'en remercie du plus intime de mon cœur.

» Les paroles que vous m'adressez ont pénétré mon âme : j'ai senti, en les lisant, que ce n'était pas la voix de l'homme, mais la voix de Dieu!

» Très-saint Père, je ferai tous mes efforts

pour suivre vos sages conseils : je comprends que la religion catholique est le plus ferme appui d'un gouvernement, et je ne négligerai rien pour l'établir partout mon royaume.

» Je compte, pour cela, sur le concours des missionnaires dévoués que vous m'avez envoyés et que vous voudrez bien continuer à m'envoyer encore.

» Dans la dernière lettre que je vous ai écrite, je vous disais qu'à l'exemple de Celui dont vous êtes le Vicaire, j'avais, dès le commencement, pardonné à tous mes ennemis : ce n'était pas assez pour mon cœur ; je voulais pour tous les coupables une amnistie pleine et entière ; je suis heureux de vous apprendre que j'ai pu, enfin, l'accorder le 19 septembre, à huit heures du soir ; j'ai voulu que cette bonne nouvelle fût annoncée par vingt et un coups de canon.

» Hier, 23 septembre, a eu lieu la cérémonie de mon couronnement en présence du peuple, de l'armée et des représentants de la France et de l'Angleterre. Malgré l'affluence de plus de deux cent mille âmes, tout s'est passé, grâce à Dieu, avec calme et sans le moindre accident.

» Je prie Votre Sainteté de ne pas oublier cette date du 23 septembre, et de vouloir bien, chaque année, demander à Dieu que je porte dignement la couronne, et que sois un roi selon son cœur.

» Veuillez agréer, très-saint Père, la nouvelle assurance de mon respect filial et de mon plus parfait dévouement.

» RADAMA II. »

Le lendemain, 21 septembre, tous les environs de la capitale, dans un rayon de deux ou trois lieues, s'illuminèrent simultanément à sept heures du soir. Cette manifestation était destinée à témoigner de la joie que causait dans tous les cœurs la nouvelle de l'amnistie générale.

Cette illumination avait un caractère d'ori-

ginalité assez curieux; on allumait de petites
bottes de paille qu'on agitait en l'air. Ces lueurs
vacillantes venant se refléter sur les eaux des
rivières, des lacs et des étangs qui baignent le
pied de Tananarivo, produisaient un effet merveilleux.

Malheureusement, l'éclat de ce panorama
féerique n'a guère duré plus de trente à quarante
minutes. La ville royale seule n'a pas illuminé,
dans la crainte d'exposer à l'incendie un grand
nombre de maisons construites en bois.

Je ne dis rien du feu d'artifice qui a eu lieu
quelques jours plus tard, et dont les fusées, les
gerbes et les soleils ont tenue éveillée, jusqu'à
onze heures du soir, toute la population de
Tananarivo.

On peut affirmer que le 21 septembre a été
la fête de la royauté, dont le propre est de faire
le bien aux malheureux.

Radama était tout entier à la jouissance de
pardonner et d'oublier.

Noble et généreux prince! Il n'est pas encore baptisé, et déjà il donne au monde de tels exemples de clémence et de mansuétude. Ayons confiance dans l'avenir ! il est riche de promesses.

Radama avait donné des ordres pour que le 21 septembre à six heures du matin les portes du grand palais fussent ouvertes aux missionnaires catholiques qui ce jour-là devaient entrer librement, afin d'offrir le sacrifice de la paix et de la réconciliation au lieu même où s'étaient rendues tant de sentences d'exil, de confiscation et de mort.

En effet, à peine les premiers rayons du soleil éclairaient-ils le faîte du palais, nous nous sommes présentés, le R. P. Finaz et moi : à l'instant toutes les portes se sont ouvertes et nous avons préparé l'autel pour le saint sacrifice.

Bientôt j'ai commencé la sainte Messe en présence du roi, de la reine et de quelques personnes de confiance. Un de nos Pères me la servait. La Messe terminée, j'ai béni la couronne

royale en récitant les prières consacrées par
l'Église. Puis, m'approchant de Radama, je
la lui ai placée sur la tête en prononçant ces
paroles : « Sire, c'est au nom de Dieu que je vous
» la remets. Régnez longtemps pour la gloire et
» le bonheur de votre peuple ! »

Il était près de huit heures quand cette cérémonie s'est terminée, n'ayant eu guère pour té-
moins que Dieu et ses anges.

Déjà toutes les avenues du palais étaient
occupées par les troupes. La foule se précipitait
par toutes les issues, et ce n'est qu'avec peine
que nous avons pu regagner notre demeure,
assez semblables à ce prophète qui venait de répandre, par l'ordre du Seigneur, l'onction de la
royauté sur la tête d'un prince d'Israël, et qui,
sa mission remplie, se hâtait de disparaître pour
chercher dans le silence de la solitude le calme
de la prière.

Le 23 septembre marquera dans les annales
de la mission catholique ; car en ce jour Dieu a
permis que le saint sacrifice de la messe ait été

offert pour la première fois dans l'enceinte du palais, en présence du souverain de la nation.

A onze heures, un coup de canon s'est fait entendre. C'était le signal convenu pour annoncer que le roi et la reine sortaient du palais et se mettaient en marche pour Mahamasina.

Mahamasina ou le Champ de Mars est une vaste plaine qui s'étend au pied de la capitale, dans la partie ouest, et qui forme comme le premier plan de ces magnifiques rizières qui vont se déroulant au nord et au sud jusqu'aux horizons les plus lointains, et qu'arrose la belle rivière de l'Ikoupa, en allant se jeter à Mazangaie, dans le canal de Mozambique.

C'est à Mahamasina qu'avait été élevée, sous la direction de M. Laborde, l'estrade qui devait servir au couronnement.

Elle avait pour base principale la pierre sacrée sur laquelle on a coutume de faire monter l'héritier du trône, lorsqu'on veut le présenter solennellement au peuple.

Le frontispice du monument représentait deux

anges soutenant une couronne d'or. Ce travail, que le roi, la reine et les principaux personnages de la cour étaient venus contempler, ainsi que nous l'avons dit plus haut, était dû au pinceau d'un des missionnaires catholiques.

Pendant la marche triomphale du roi et de la reine, le canon ne cessa de retentir dans toutes les directions.

Radama s'avançait à cheval, revêtu du costume de général anglais : la reine le précédait, portée sur un palanquin de pourpre et d'or, la couronne en tête, dans tout l'éclat de la toilette royale que lui avait envoyée l'impératrice des Français.

Depuis le palais jusqu'au Champ de Mars, espace de près d'une lieue, toute la route était bordée d'une double haie de soldats au milieu de laquelle défilait le cortége royal.

Rien de plus riche et de plus resplendissant que tous ces costumes des dames de la cour, des grands officiers du palais et de tous les chefs de l'armée.

On aurait même pu regretter une profusion de colliers et de panaches.

L'arrivée du roi et de la reine au Champ de Mars fut saluée par de nombreuses décharges d'artillerie et de mousqueterie auxquelles plus de deux cent mille voix répondirent par un vivat général, accompagné du *Hoby*, acclamation gutturale réservée à fêter la présence du roi et de la reine; chez les Malgaches, c'est l'expression la plus vive et la plus énergique d'enthousiasme national.

Le roi monta sur le trône qui lui avait été préparé, ayant la reine à ses côtés, et entouré des députations française et anglaise, ainsi que de ses principaux ministres.

Un des côtés de l'estrade était occupé par les princesses du sang et toutes les dames de la cour.

L'autre côté était réservé aux étrangers et aux grands dignitaires de la couronne.

Les sept divisions militaires, comprenant un effectif de 40,000 hommes, occupaient chacune avec son drapeau leurs positions respectives, ayant à leur tête leur état-major.

A peine monté sur le trône, le roi se posa lui-même la couronne sur la tête; prenant ensuite le diadème de Rabodo, il la couronna de sa propre main reine de Madagascar.

S'avançant alors vers le peuple, le sabre nu à la main, suivant l'usage, il lui rappela en quelques paroles qu'il n'avait en vue que la civilisation de son pays, et qu'il n'acceptait la royauté que pour le rendre libre et heureux.

Après ces quelques mots, qui furent accueillis par des salves d'artillerie et des cris mille fois répétés de : Vive Radama! le roi s'assit pour recevoir les hommages du peuple et de l'armée.

Ce fut là une scène des plus touchantes et où les Européens ont pu voir jusqu'où va, chez le Malgache, l'amour, le respect, j'allais presque dire le culte de l'autorité.

A un moment donné, des représentants de toutes les tribus, de toutes les castes, de toutes les corporations, vinrent déposer aux pieds du roi, non-seulement la pièce d'argent connue sous le nom de *hasina*, mais encore les insignes de leurs titres et dignités, protestant par là qu'ils tenaient tout du roi; que leurs biens, comme leur famille et leur vie, étaient à sa disposition.

Pendant ces démonstrations, qui durèrent plus d'une heure, l'artillerie, la musique, les chants de toute espèce ne cessèrent de retentir, tandis que les collines voisines, couronnées de milliers de spectateurs, drapés dans leurs lambas blancs, présentaient le panorama le plus gracieux et le plus pittoresque.

Après cette cérémonie du couronnement, qui se termina vers les deux heures de l'après-midi, le cortége royal reprit sa marche vers le palais. Un banquet termina la fête.

Le 5 novembre, la députation française quitta la capitale de Madagascar, après plus de deux mois de séjour.

Les missionnaires catholiques croiraient manquer à leur devoir et au premier besoin de leur cœur, s'ils n'exprimaient hautement leur reconnaissance à chacun des membres de la députation, en particulier, mais tout spécialement à son honorable président, M. le commandant Dupré.

Ce n'est pas seulement pendant son séjour à la capitale que M. Dupré a montré sa bienveillance pour la mission catholique; il n'a pas cessé de lui en donner des preuves depuis qu'il commande la division navale dans ces mers.

Aussi ai-je cru devoir lui en témoigner notre gratitude d'une manière toute spéciale par la lettre suivante :

A monsieur Dupré, capitaine de vaisseau, commandant la division navale des côtes orientales d'Afrique.

Tananarivo, 22 septembre 1862.

Monsieur le commandant,

Vous allez partir pour la France, et j'ignore s'il nous sera donné de vous revoir; nous l'espérons pourtant, et cette espérance n'est pas seulement la nôtre, elle est partagée par tous les notables habitants de la Réunion, et surtout par Sa Majesté Radama II, qui serait si heureux de retrouver bientôt dans le gouverneur d'une île voisine et alliée, un conseiller, un appui qu'il a si bien appris à connaître et à aimer !

Quoi qu'il en soit de l'avenir, que Dieu seul tient dans ses mains, vous voudrez bien me permettre, commandant, de ne pas vous laisser quitter ces parages sans vous exprimer toute notre reconnaissance pour les bontés que vous avez eues pour nous, en subvenant à l'occasion aux divers besoins de la Mission, en nous accueillant sur votre frégate, nos personnes et nos enfants de la Ressource, d'une manière si bienveillante et si large qu'on eût dit qu'en obligeant, c'était vous-même qui étiez l'obligé.

Pour ma part, commandant, j'ai à m'acquitter envers vous d'une dette de gratitude toute spéciale, pour avoir bien voulu m'associer à l'honorable députation chargée de représenter la France au couronnement de Radama II.

Je dois être d'autant plus reconnaissant de cette faveur, que, outre le charme d'une société d'élite, je lui ai dû l'avantage de vous connaître plus intimement, et d'apprécier mieux encore l'élévation, la droiture de votre caractère.

Si parfois nous étions tentés de défaillir en

présence des obstacles, nous nous rappelle-
rons votre noble fermeté et votre invincible
patience, soit à Tamatave, soit à Tananarivo, et
ce souvenir suffira pour relever notre courage
et ranimer notre confiance! Que Dieu vous récompense également au centuple pour tout
ce que vous avez déployé de prudence et d'énergie, afin de soutenir notre autorité et d'affer-
mir notre influence.

Enfin, commandant, permettez-nous d'espérer que votre voyage en Europe ne sera pas
seulement utile aux graves intérêts que vous
allez y défendre, mais qu'il le sera aussi à cette
petite mission qui ne fait que de naître et qui
réclame appui, protection pour se développer et
grandir.

Personne mieux que vous ne connaît les
besoins, les difficultés et l'avenir de cette œuvre
si elle est soutenue. Aussi avons-nous pleine
confiance que vous voudrez bien la recommander à la sollicitude de l'empereur et de ses
ministres, avec d'autant plus de zèle que le

succès dans cette entreprise intéresse également la gloire de Dieu et l'honneur de la France.

Veuillez agréer la nouvelle assurance des sentiments de respect affectueux et de la parfaite gratitude avec lesquels je ne cesserai d'être,

Monsieur et très-digne commandant,

Votre très-humble et très-obéissant serviteur.

Louis Jouen.

Le 24 septembre, M. le commandant Dupré voulut bien me répondre.

Tananarivo, 24 septembre 1862.

Monsieur l'abbé,

J'ai reçu la lettre que vous m'avez fait l'honneur de m'adresser le 22 du courant. Je suis profondément touché et reconnaissant du sentiment qui l'a dictée. Si ma concience me dit que je suis loin de mériter l'appréciation beaucoup trop indulgente que vous faites de mon caractère et des légers services que j'ai pu rendre à la mission de Madagascar, je sens d'un autre côté que mon désir de bien faire et de vous être utile sont dignes, dans une faible mesure, de l'opinion si bienveillante que vous avez bien voulu concevoir de moi.

J'ai eu l'honneur de rendre compte à monsieur le ministre de la Marine et des Colonies, de tout ce que les circonstances m'ont permis de faire pour aider matériellement la mission de Madagascar. J'en ai été récompensé par l'approbation sans réserve du ministre, et par le sentiment d'avoir pu être de quelque utilité à des hommes dont j'honore profondément le caractère et les œuvres.

Ce que j'ai fait jusqu'à présent, j'espère que je pourrai le faire encore, car lors même que je serais appelé en France pour rendre compte de mes derniers actes, les règles du service me ramèneraient dans ces mers, et mon absence ne serait que de courte durée. Mais, quelque part que la volonté de Dieu me place, mon concours est assuré à une mission dont j'ai pu apprécier la haute utilité, et dont le chef vénérable s'est acquis tout d'abord mes vives sympathies.

En ce moment, ce n'est donc pas adieu, c'est au revoir que je vous dis, en vous priant d'agréer la sincère assurance des sentiments affectueux et dévoués avec lesquels j'ai l'honneur d'être,

Monsieur l'abbé,

Votre très-humble et très-obéissant serviteur,

JULES DUPRÉ.

Pendant les deux mois que les membres de l'ambassade sont restés à Tananarivo, ils n'ont cessé de nous donner des preuves de leur sympathie, de leur affection et de leur dévouement,

en nous visitant dans la maladie, en nous encourageant dans les difficultés, en nous soutenant
et en nous aidant de tous les moyens en leur
pouvoir.

La conduite noble et digne de la députation,
l'union cordiale et intime qui n'a cessé de régner
entre ses membres, la ligne de prudence, de
tact et d'exquise urbanité constamment suivie
par son chef, tout cela a produit dans les esprits
comme dans les cœurs une impression profonde,
qui ne manquera pas de porter son fruit en son
temps.

Que l'ange du Seigneur accompagne dans
son retour la mission française ! qu'il la protége
et la ramène heureusement à sa destination :
pour nous, missionnaires catholiques, appelés à
vivre et à mourir sur ces plages, nous ne cesserons de la bénir et de l'aimer, et le souvenir que
nous en gardons vivra dans nos cœurs.

Je ne saurais terminer ce récit sans dire un
mot de nos deux missions de Tamatave et de
Mahèla.

Elles y ont d'autant plus de droit qu'elles se trouvent placées sur la côte Est de Madagascar, c'est-à-dire dans la zone des sables, des fièvres, des pluies torrentielles, et sous un soleil dévorant.

La ville de Tamatave, dont la population s'élève à 15 ou 20,000 âmes au moins, est un point important à cause de sa rade foraine et de ses relations commerciales avec Maurice et Bourbon.

C'est la clef de Madagascar, le chef-lieu des établissements européens.

Cette résidence est appelée à devenir la procure de nos différentes maisons de la Grande-Terre. Elle compte aujourd'hui trois Pères, un frère coadjuteur et deux religieuses de la congrégation de Saint-Joseph de Cluny. Deux écoles s'annoncent sous les plus heureux auspices.

A défaut d'église proprement dite, nous avons transformé en chapelle provisoire un magasin que veut bien nous louer un des principaux traitants du pays. Depuis plusieurs mois, nous sommes à la recherche d'un emplacement convenable pour construire nos écoles. Mais les terrains commencent à devenir rares, par suite de l'arrivée successive des Européens attirés à Madagascar par l'espoir de faire fortune. De plus il faudrait, pour acheter un local suffisant, des sommes que nous n'avons pas.

Afin de nous rendre plus utiles à la population qui se compose de blancs et de noirs, nous avons établi chaque dimanche deux messes et deux instructions. La première est pour les Malgaches, la seconde pour les Européens.

Nous n'avons qu'à bénir Dieu jusqu'ici de l'empressement religieux et de l'assiduité aux offices de nos frères d'Europe. Ils sont pour nous une véritable consolation ; nous comptons même sur leur généreux concours pour élever dans quelques années un temple digne de la majesté du Dieu que nous apprenons aux indigènes à servir.

Le bon exemple donné par les blancs exerce sur les Malgaches une heureuse influence. Ces derniers commencent à s'ébranler. Ils sont frappés du spectacle nouveau qu'ils ont sous les yeux et ne peuvent refuser leurs sympathies aux missionnaire sou aux sœurs, lorsqu'ils les voient, malgré la fatigue et l'épuisement, le malaise de la fièvre, aller sous les ardeurs du soleil, à travers des plaines de sable brûlant, chercher les enfants pour les instruire, les pauvres pour les soulager dans leur dénûment, les malades pour les soigner et les consoler, les blessés pour panser leurs plaies, les moribonds pour les baptiser et leur administrer les derniers sacrements.

Mahèla n'est qu'un village situé au sud de Tamatave, à six lieues environ de ce dernier port.

« Ce district, m'écrit un de nos missionnaires, peut avoir une étendue de deux journées de marche. Il compte de 12 à 15,000 âmes, dont Mahèla est le point principal. »

Trois motifs nous ont spécialement déterminés à dresser là une de nos tentes.

L'appel d'un homme honorable, M. Liger, qui est devenu pour nous une véritable Providence : le vœu manifesté par les indigènes, et surtout la douceur de leur caractère et la docilité de leurs mœurs ; enfin le désir formellement exprimé par le roi de voir dans ces parages des hommes apostoliques qui n'aient peur ni des fièvres ni de la mort !

Le poste de Mahèla ne date que du commencement de septembre 1862, et déjà nous avons recueilli plus que des espérances. Voici ce que m'écrit un de nos Pères, à la date du 19 septembre :

« Monsieur le commandant a assisté dimanche
» dernier à la messe avec sa famille et ses offi-
» ciers. M. Liger, dont la bonté pour nous est
» vraiment admirable, se trouvait là aussi avec
» toute sa maison. Les Malgaches étaient nom-
» breux. Après l'Evangile, j'ai adressé à l'as-
» semblée un petit mot en langue hova. Le
» recueillement de tous était profond. »

Une autre lettre, du 6 octobre, contient les détails suivants :

« Nous avons aussi fêté, nous, le 23 septembre.

» Le commandant ne pouvant venir le matin
» à la Messe, à cause du grand *kabary* du peuple,
» il fut décidé que la matinée de ce jour de ré-
» jouissance se passerait à Tanandava et la soi-
» rée à Mahèla.

» Tanandava est un petit village de 600 âmes,
» avec un fort où réside le commandant; on ne
» ne peut y aller qu'en pirogue, attendu qu'il
» est séparé du grand village malgache par un
» lac d'une lieue d'étendue environ.

» Le matin, trois grandes pirogues armées de
» vigoureux rameurs se dirigèrent vers Tanan-
» dava, sous la conduite de M. Liger. Les offi-
» ciers hovas vinrent en armes et musique en
» tête nous recevoir sur le rivage.

» Deux violons et un gros tambour compo-
» saient l'orchestre. Le commandant nous at-
» tendait dans le grand carré du fort : on s'est
» donné de cordiales poignées de main.

» Quelques instants après, le commandant a
» harangué la foule qui était grande. On lui a

» répondu par des marques non équivoques
» d'approbation.

» Deux grands chefs Betsimisaraks ont parlé
» à leur tour, et déposé en signe de soumission
» au nouveau roi, un petit présent entre les
» mains du commandant. Puis grand salut guer-
» rier du côté de Tananarivo, et détonation des
» armes à feu. Cela fait, on s'est mis à table; le
» déjeuner a été couronné par un toast des plus
» solennels; tous les convives se sont levés, le
» verre à la main, la foule bruyamment assise
» dans le grand carré a fait silence, tous les re-
» gards se sont tournés vers la capitale de la
» grande Ile, et de tous les cœurs comme de
» toutes les bouches est sorti le souhait sacré :
» *Trarantitra Tompo ko laky !* Vivez longtemps,
» soyez heureux, ô notre maître !

» A trois heures, retour à Mahèla, salut solen-
» nel dans notre chapelle, *Te Deum* en ac-
» tion de grâces : les Malgaches étaient aussi
» pressés que les feuilles qui couvrent leurs
» cases. Nos enfants ont admirablement chanté.

» Enfin banquet chez M. Liger, et illumination
» sous les varangues. »

Tels sont les renseignements qui m'arrivent
de la petite mission de Mahèla. Je les redis
avec bonheur, comme le vigneron qui vient
d'apprendre que sa vigne est en pleine séve,
qu'elle pousse de tous côtés des bourgeons généreux, et qu'elle promet la plus abondante récolte !

Nous, qui approchons de la dernière heure,
nous ne verrons point sans doute les merveilles
que la divine Providence garde dans ses secrets
pour les jours qui viendront ; mais nous contem-
plons déjà en esprit les chrétientés de Madagascar, et nous entendons les anges du ciel faire retentir sur ces vastes plages le cantique d'Isaïe :

*Lætabitur deserta et invia et exultabit soli-
tudo, florebit quasi lilium. Germinans germinabit
et exultabit lætabunda et laudans.*

« Les contrées désertes, inexplorées et soli-

» taires tressailliront de joie et produiront des
» lis. Elles deviendront fertiles, elles porteront
» des fruits et l'on y entendra des concerts de
» louanges, des chants d'action de grâces. »

LOUIS JOUEN,

De la Compagnie de Jésus, préfet apostolique
de Madagascar.

FIN

POUR PARAÎTRE

PROCHAINEMENT

LES HABITANTS

DE MADAGASCAR

ET DES ILES VOISINES

SOUS L'INFLUENCE DU CHRISTIANISME

PAR

LE R. P. HENRY DE RÉGNON

de la Compagnie de Jésus

PROCUREUR DES MISSIONS DE MADAGASCAR ET DU MADURÉ

ALBUM

COMPOSÉ DE 20 PLANCHES CHROMOLITHOGRAPHIÉES
ET DE 60 PAGES DE TEXTE ILLUSTRÉ

PUBLIÉ PAR

B. CHARLES MATHIEU

PARIS

RUE DU FOUR-SAINT-GERMAIN, 15

PFGARD

IMP. DE L. TOINON ET COMP.

www.ingramcontent.com/pod-product-compliance
Lightning Source LLC
Chambersburg PA
CBHW070616100426

42744CB00006B/504